教科書ワーク
もくじ

東京書籍版
漢字5年

【イラスト】クリエイティブ・ノア、TICTOC

人物の心情《じょう》を音読で伝えよう

基本のワーク

おにぎり石の伝説

教科書 16〜30ページ

勉強した日　月　日

◆「読み方」の赤い字は教科書で使われている読みです。はまちがえやすい漢字です。

おにぎり石の伝説

18ページ

確　いしへん

（小さく　つき出す　はねる）

読み方：カク／たしか・たしか**める**

使い方：確実《かくじつ》・確《たし》かに約束した／番号を確《たし》かめる

15画

18ページ

現　おうへん　たまへん

（はねる）

読み方：ゲン／あらわ**れる**／あらわ**す**

使い方：出現《しゅつげん》・現実《げんじつ》・表現《ひょうげん》／月が現《あらわ》れる・正体を現《あらわ》す

11画

同じ読み方の漢字。

現《あらわ》れる…かくれていたものが、目に見えるようになる。例 雲の間から太陽が現れる。

表《あらわ》れる…気持ちや考えが、外から分かるようになる。例 心配が顔に表れる。

注意！

19ページ

個　にんべん

（小さく）

読み方：コ／—

使い方：一個《いっこ》・個人《こじん》・個別《こべつ》

10画

19ページ

複　ころもへん

（あける　わすれない　とめる　はらう）

読み方：フク／—

使い方：複数《ふくすう》・複雑《ふくざつ》・重複《ちょうふく》（じゅうふく）

14画

部首に注意。

「複」の部首は、「衤」（ころもへん）だよ。「衤」は、「衣」がもとになっていて、「着物」に関係する漢字に付くことが多いよ。「ネ」（しめすへん）とまちがえないようにね。

注意！

23ページ 絶
絶 いとへん
はらう　はねる　とめる

読み方
ゼツ
たえる・**た**やす
たつ

使い方
絶句《ぜっく》・音信が絶《た》える
消息を絶《た》つ

12画

23ページ 句
句 くち
はねる

読み方
ク
―

使い方
絶句《ぜっく》・文句《もんく》・慣用句《かんようく》

5画

24ページ 夢
夢 ゆうべ た
×四　はねる

読み方
ム
ゆめ

使い方
夢中《むちゅう》・悪夢《あくむ》
夢《ゆめ》を見る・初夢《はつゆめ》

13画

「夢」を使った言葉。
「夢」は、ねている間にみるもののほかに、「望み・願い」という意味も持つよ。
夢をえがく…目標や望みを心の中で思うこと。
夢を追う…願いや望みを追いかけること。

26ページ 久
久 の はらいぼう
はらう

読み方
キュウ・(ク)
ひさしい

使い方
永久《えいきゅう》・持久走《じきゅうそう》
久《ひさ》しぶり

3画

28ページ 情
情 りっしんべん
一番長く　とめる　はねる

読み方
ジョウ・(セイ)
なさけ

使い方
心情《しんじょう》・感情《かんじょう》・友情《ゆうじょう》
情《なさ》けのある人

11画

29ページ 像
像 にんべん
はらう　はねる

読み方
ゾウ
―

使い方
想像《そうぞう》・画像《がぞう》・実像《じつぞう》

14画

読みかえの漢字

19ページ	
四《よっ》	四《よ》つ葉《ば》
23	
名《ミョウ》	名字《みょうじ》

ものしりメモ
「絶」を使った言葉に「絶体絶命」があるよ。「追いつめられてのがれられない状態《じょうたい》」という意味だよ。「体」を「対」と書かないように気をつけてね。

練習のワーク

おにぎり石の伝説

教科書 16～30ページ
答え 1ページ
勉強した日　月　日

1 新しい漢じを読みましょう。

① 16ページ 確（　）かにおにぎりにみえる。

② おにぎり石の 出現（　）。

③ いち日 一個（　） みつかる。

④ 四（　） つ葉のクローバー。

⑤ 複数（　） のチームを組む。

⑥ 名字（　） をたずねる。

⑦ 思わず 絶句（　） する。

⑧ 夢（　） がこわれる。

⑨ 久（　） しぶりに笑う。

⑩ 心情（　） を伝える。

⑪ 気持ちを 想像（　） する。

ここからはってん

✿⑫ 確実（　） な話。

✿⑬ 雨雲が 現（　） れる。

✿⑭ 連らくが 絶（　） える。

✿⑮ 夢中（　） で本を読む。

✿⑯ 持久走（　） にでる。

✿⑰ ひとの 情（　） けにふれる。

✿の漢字は新出漢字の別の読み方です。

2 新しい漢じを書きましょう。〔　〕は、送りがなも書きましょう。

① 16ページ 〔　　〕《たしか》な手ごたえ。

② ヒーローの□□《しゅつげん》。

③ □□《いっこ》ずつ包む。

④ 〔　　〕《よつ》葉のマーク。

⑤ □□《ふくすう》の意けんがでる。

⑥ □□《みょうじ》でよぶ。

⑦ ひどい話に□□《ぜっく》する。

⑧ □《ゆめ》を語る。

⑨ 〔　　〕《ひさし》ぶりに会う。

⑩ □□《しんじょう》を打ち明ける。

⑪ 昔の生活を□□《そうぞう》する。

ここからはってん

✿⑫ 荷物を□□《かくじつ》にとどける。

✿⑬ 空ににじが□《あらわ》れる。

✿⑭ ひと通りが□《た》える。

✿⑮ 話に□□《むちゅう》になる。

✿⑯ □□□《じきゅうそう》の大会。

✿⑰ □《なさ》けが深い人。

3 漢じで書きましょう。（〰は、送りがなも書きましょう。太じは、この回で習った漢じを使った言葉です。）

① ひこうきが**しゅつげん**する**ゆめ**をみる。

② おなじ**みょうじ**のひとが**ふくすう**いる。

③ **そうぞう**いじょうのことに**ぜっく**する。

基本のワーク

漢字を使おう1

◆「読み方」の赤い字は教科書で使われている読みです。はまちがえやすい漢字です。

教科書 31ページ

勉強した日　月　日

漢字を使おう1

31ページ

増　つちへん　増

読み方：ゾウ　ます・ふえる　**ふやす**

使い方：増益《ぞうえき》・ダムの水が増《ま》す　友達が増《ふ》える

14画

漢字のでき方。

増　曽…「重ねる」ことを表す。　扌…「土」を表す。

土を積み重ねることから、「ふやす」という意味を表すよ。

31ページ

益　さら　益

はらう　長く

読み方：エキ・(ヤク)　—

使い方：増益《ぞうえき》・有益《ゆうえき》・利益《りえき》

10画

31ページ

境　つちへん　境

立てる　下を長く　はねる

読み方：キョウ・(ケイ)　さかい

使い方：境界《きょうかい》・国境《こっきょう》・心境《しんきょう》　県と県の境《さかい》・境目《さかいめ》

14画

31ページ

義　ひつじ　義

わすれない　長く　はねる

読み方：ギ　—

使い方：正義感《せいぎかん》・義務《ぎむ》・講義《こうぎ》

13画

同じ読み方で形のにている漢字。

義(ギ)　正しい道。意味。　例 語義・正義

議(ギ)　話し合う。意見。　例 議題・会議

31ページ

衛

×五
はねる
つき出す

衛 ぎょうがまえ ゆきがまえ

読み方

エイ

—

使い方

衛生《えいせい》・守衛《しゅえい》・人工衛星《じんこうえいせい》

16画

注意！

同じ読み方の言葉。

衛生《えいせい》…健康でいられるように身の回りをきれいにすること。例 衛生管理

衛星《えいせい》…わく星の周りを回る天体のこと。例 人工衛星

31ページ

眼

点をつけない
はらう

眼 めへん

読み方

ガン・（ゲン）

（まなこ）

使い方

眼球《がんきゅう》・眼科《がんか》・近眼《きんがん》

11画

注意！

形のにている漢字。

眼（ガン） 例 眼球・着眼点

根（コン・ね） 例 球根・屋根

31ページ

救

わすれない
はらう
はねる

救 のぶん ぼくにょう

読み方

キュウ

すくう

使い方

救急車《きゅうきゅうしゃ》・救助《きゅうじょ》・救命《きゅうめい》

きけんから救《すく》う

11画

注意！

漢字の形。

救

「求」の形と位置に注意しよう。「求」を「求」としないように。また、「球」とはちがって「求」が左側にくるよ。

31ページ

停

立てる
はねる

停 にんべん

読み方

テイ

—

使い方

停止《ていし》・停車《ていしゃ》・停電《ていでん》

11画

読みかえの漢字

31ページ
止《シ》
停止《ていし》

ものしりメモ

「益」は皿が水でいっぱいになる様子からできた漢字だよ。だから「ふえる」「もうける」などの意味があるんだね。ほかにも「役に立つ」という意味もあるよ。

練習のワーク

漢字を使おう1

教科書 31ページ　答え 1ページ

勉強した日　月　日

1 新しい漢字を読みましょう。

① 31ページ 町に人が（　　）増える。

② 川の水が（　　）増す。

③ （　　）増益を目指す。

④ 国と国との（　　）境。

⑤ 土地の（　　）境界を定める。

⑥ （　　）正義感あふれる人。

⑦ （　　）衛生に気をつける。

⑧ （　　）眼球を動かす。

⑨ 動物を（　　）救う。

⑩ （　　）救急車をよぶ。

⑪ 線の前でバスが（　　）停止する。

2 新しい漢字を書きましょう。〔　〕は、送りがなも書きましょう。

① 31ページ 体重が〔　　〕《ふえる》。

② スピードが〔　　〕《ます》。

③ □□《ぞうえき》が見こまれる。

④ 空と海の□《さかい》。

⑤ □□《きょうかい》線を引く。

⑥ □□□《せいぎかん》がある。

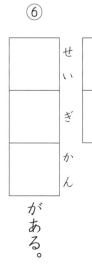

⑦ 不□□《えいせい》な場所。

⑧ □□《がんきゅう》を休める。

⑨ 命を〔　　〕《すくう》。

⑩ □□□《きゅうきゅうしゃ》のサイレン。

⑪ 一時□□《ていし》する。

3 漢字を使おう

四年生で習った漢字を書きましょう。〔　〕は、送りがなも書きましょう。

① □□《かくじ》で注意する。

② 手あらいの□□《ほうほう》。

③ 体調を□□《かんり》する。

④ □□《しゅうまつ》はみんなで運動する。

⑤ □□《えいよう》をつける。

⑥ きちんとご□《はん》を食べる。

⑦ □□《やさい》をとる。

⑧ □□《けんこう》について考える。

⑨ 自分の体に□□《かんしん》をもつ。

⑩ よい習慣《かん》を〔　　〕《つづける》。

⑪ □□《ひつよう》なすいみん時間。

⑫ 毎日□□《にゅうよく》する。

⑬ □□《いるい》を清潔《けつ》にする。

⑭ 学校を□□《けっせき》する。

⑮ □□《とくべつ》な食事。

⑯ 頭を〔　　〕《ひやす》。

⑰ 病気が〔　　〕《なおる》。

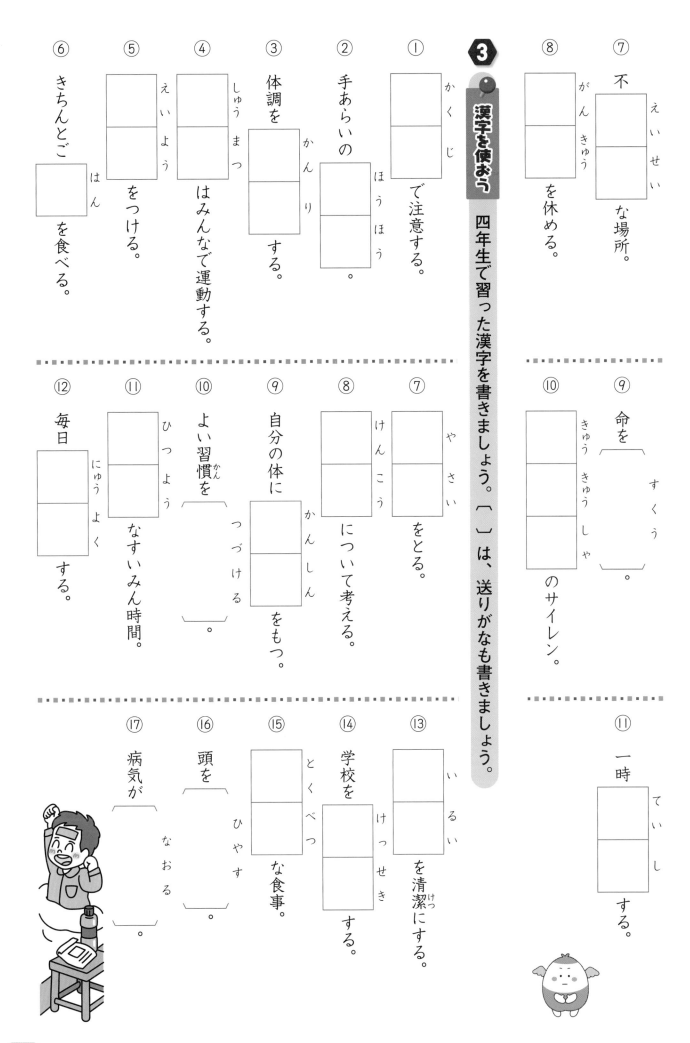

勉強した日　月　日

図書館へ行こう

◆「読み方」の赤い字は教科書で使われている読みです。はまちがえやすい漢字です。

応（32ページ）

応　こころ

読み方：オウ　こたえる

使い方：目的に応《おう》じる・応用《おうよう》　要求に応《こた》える

7画

資（32ページ）

資　かい

読み方：シ　―

使い方：資料《しりょう》・資材《しざい》・資産《しさん》

13画

在（33ページ）

在　つち

読み方：ザイ　ある

使い方：現在《げんざい》・在庫《ざいこ》・在校生《ざいこうせい》　社会の在《あ》り方《かた》

6画

査（33ページ）

査　き

読み方：サ　―

使い方：調査《ちょうさ》・検査《けんさ》・考査《こうさ》

9画

漢字の形。

査

「且」を「旦」と書かないように気をつけよう。「査」には「しらべる」という意味があるよ。

注意！

報（33ページ）

報　つち

読み方：ホウ　（むくいる）

使い方：情報《じょうほう》・報告《ほうこく》・天気予報《てんきよほう》

12画

練習のワーク

図書館へ行こう

教科書 32〜35ページ

答え 1ページ

勉強した日　月　日

1 新しい漢字を読みましょう。

① 32ページ 注文に応（　）じる。

② 資料（　）をさがす。

③ 現在（　）の日本。

④ 調査（　）した年。

⑤ 情報（　）を知る。

ここからはってん

✿⑥ 期待に応（　）える。

✿⑦ 社会の在（　）り方。

2 新しい漢字を書きましょう。

① 32ページ 必要に□《おう》じる。

② □□《しりょう》を集める。

③ □□《げんざい》のすがた。

④ 新聞社の□□《ちょうさ》。

⑤ □□《じょうほう》を伝える。

ここからはってん

✿⑥ 声えんに□《こた》える。

✿の漢字は新出漢字の別の読み方です。

基本のワーク

知りたいことを聞き出そう 敬語《けいご》

教科書 38〜43ページ

勉強した日　月　日

◆「読み方」の赤い字は教科書で使われている読みです。（●）はまちがえやすい漢字です。

得（38ページ）

得　ぎょうにんべん

少し長く　はねる

読み方　トク　える・（うる）

使い方　得意《とくい》・得点《とくてん》・得《とく》をする　お金を得《え》る

11画

際（38ページ）

際　こざとへん

×夕　あける　はねる　下を長く　はねる

読み方　サイ　（きわ）

使い方　活動の際《さい》・交際《こうさい》・実際《じっさい》

14画

質（38ページ）

質　かい

とめる　とめる

読み方　シツ・（シチ）（チ）

使い方　質問《しつもん》・性質《せいしつ》・品質《ひんしつ》

15画

移（40ページ）

移　のぎへん

たてに重ねる　とめる

読み方　イ　うつる・うつす

使い方　移住《いじゅう》・移転《いてん》・移動《いどう》　新しい家に移《うつ》る

11画

総（41ページ）

総　いとへん

はらう　とめる　とめる　はねる

読み方　ソウ

使い方　総合的《そうごうてき》・総会《そうかい》・総計《そうけい》　総理大臣《そうりだいじん》

14画

容（42ページ）

容　うかんむり

立てる　はねる　はらう

読み方　ヨウ

使い方　内容《ないよう》・容量《ようりょう》・美容院《びよういん》

10画

練習のワーク

知りたいことを聞き出そう
敬《けい》語

教科書 38〜43ページ
答え 1ページ

勉強した日　月　日

1 新しい漢字を読みましょう。

① 38ページ 知識《しき》を（得）る。

② 行う（際）の注い点。

③ 相手に（質問）する。

④ 場所を（移）る。

⑤ （総合的）な学習。

⑥ 42ページ （内容）が分かる。

✿⑦ ここからはってん （得意）な科目。

✿⑧ 車で（移動）する。

2 新しい漢字を書きましょう。〔　〕は、送りがなも書きましょう。

① 38ページ 機会を〔　　〕《える》。

② 非常《ひじょう》の［　］《さい》におすボタン。

③ ［　　］《しつもん》に答える。

④ となりの席に〔　　〕《うつる》。

⑤ ［　　　］《そうごうてき》に考える。

⑥ 42ページ ［　　］《ないよう》を読み取る。

✿⑦ ここからはってん 料理が［　　］《とくい》だ。

✿の漢字は新出漢字の別の読み方です。

要旨《し》をまとめ、自分の考えを伝えよう

基本のワーク

インターネットは冒険《ぼうけん》だ
漢字を使おう2

教科書 44～55ページ

勉強した日　月　日

◆「読み方」の赤い字は教科書で使われている読みです。●はまちがえやすい漢字です。

インターネットは冒険だ

険（46ページ）
険（つき出さない・はねる・はらう）
こざとへん　阝
読み方：ケン／けわしい
使い方：冒険《ぼうけん》・険悪《けんあく》・保険《ほけん》／険《けわ》しい山々
11画

属（47ページ）
属（はらう・はねる）
しかばね　かばね　尸
読み方：ゾク／―
使い方：所属《しょぞく》・金属《きんぞく》・付属《ふぞく》
12画

漢字の意味。
「属」には、「つく・仲間」という意味があるよ。
例 付属…つきしたがうこと。
例 金属…金の仲間。

士（47ページ）
士（上を長く）
さむらい　士
読み方：シ／―
使い方：宇宙飛行士《うちゅうひこうし》・兵士《へいし》／力士《りきし》・運転士《うんてんし》
3画

混●（47ページ）
混（はねる）
さんずい　氵
読み方：コン／まじる・まざる／まぜる・こむ
使い方：混雑《こんざつ》・雑音《ざつおん》が混《ま》じる／たまごを混《ま》ぜる・人混《ひとご》み
11画

同じ読み方の漢字。
混《ま》ぜる…ことなるものを合わせて一つにする。例 バターとさとうを混ぜる。
交《ま》ぜる…ことなるものを入り組ませる。例 漢字とかなを交ぜて書く。

48ページ

災

災 ひ

はらう

読み方

サイ
（わざわい）

使い方

災害《さいがい》・火災《かさい》・防災《ぼうさい》

7画

漢字のでき方。

災　巛…川をせき止める「わざわい」を表す。
火…「火」を表す。
「火によるわざわい・自然のわざわい」を表すよ。

49ページ

因

因 くにがまえ

はらう

読み方

イン
（よる）

使い方

原因《げんいん》・因果関係《いんがかんけい》・要因《よういん》

6画

漢字の形。

因　「大」を「木」としないようにしよう。

49ページ

興

興 うす

二画　一画　長く　とめる

読み方

コウ・キョウ
（おこる）（おこす）

使い方

再興《さいこう》・復興《ふっこう》・興味《きょうみ》

16画

49ページ

過

過 しんにょう しんにゅう

一画　はねる

読み方

カ
すぎる・すごす
（あやまつ）（あやまち）

使い方

過激《かげき》・過去《かこ》・経過《けいか》
家の中で過《す》ごす

12画

51ページ

性

性 りっしんべん

一番長く

読み方

セイ・（ショウ）
——

使い方

危険性《きけんせい》・性質《せいしつ》・個性《こせい》

8画

52ページ

構

構 きへん

つき出す　とめる　はねる

読み方

コウ
かまえる・かまう

使い方

構成《こうせい》・構図《こうず》・構想《こうそう》
待《ま》ち構《かま》える・弟を構《かま》う

14画

ものしりメモ

「興」には、「コウ」「キョウ」という二つの音《おん》読みがあるよ。熟《じゅく》語によって読み方が変わるから注意しよう。

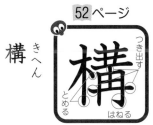

漢字を使おう2

53ページ

接

てへん

立てる・少し出す・はねる・とめる

読み方
セツ
（つぐ）

使い方
直接《ちょくせつ》・接続《せつぞく》・面接《めんせつ》

11画

漢字の意味。
「接」には、いろいろな意味があるよ。
①つなぐ。例 接合・接着
②ちかづく。例 接戦・近接
③もてなす。人と会う。例 接客・応接

漢字の意味

55ページ

示

しめす

下を長く・はらう・とめる・はねる

読み方
ジ・（シ）
しめす

使い方
指示《しじ》・暗示《あんじ》・例示《れいじ》
実物を示《しめ》す

5画

55ページ

禁

しめす

とめる・はらう・下を長く・はねる

読み方
キン
—

使い方
禁止《きんし》・禁《きん》ずる・解禁《かいきん》

13画

55ページ

雑

ふるとり

はねる・とめる

読み方
ザツ・ゾウ
—

使い方
雑談《ざつだん》・複雑《ふくざつ》・雑木林《ぞうきばやし》

14画

55ページ

酸

とりへん

×西・とめる・はらう

読み方
サン
（すい）

使い方
酸味《さんみ》・二酸化炭素《にさんかたんそ》

14画

55ページ

独

けものへん

つき出さない・はねる・とめる

読み方
ドク
ひとり

使い方
独唱《どくしょう》・独特《どくとく》・単独《たんどく》
独《ひと》り言《ごと》・独《ひと》り立《だ》ち

9画

55ページ

快

りっしんべん

つき出す・はらう

読み方
カイ
こころよい

使い方
快晴《かいせい》・快調《かいちょう》・不快《ふかい》
快《こころよ》い音色

7画

ものしりメモ
「独り」は「ひとり、ふたり」と人数について書くときは使わず、「その人だけで」「その人の力で」ということを強調するときに使うよ。

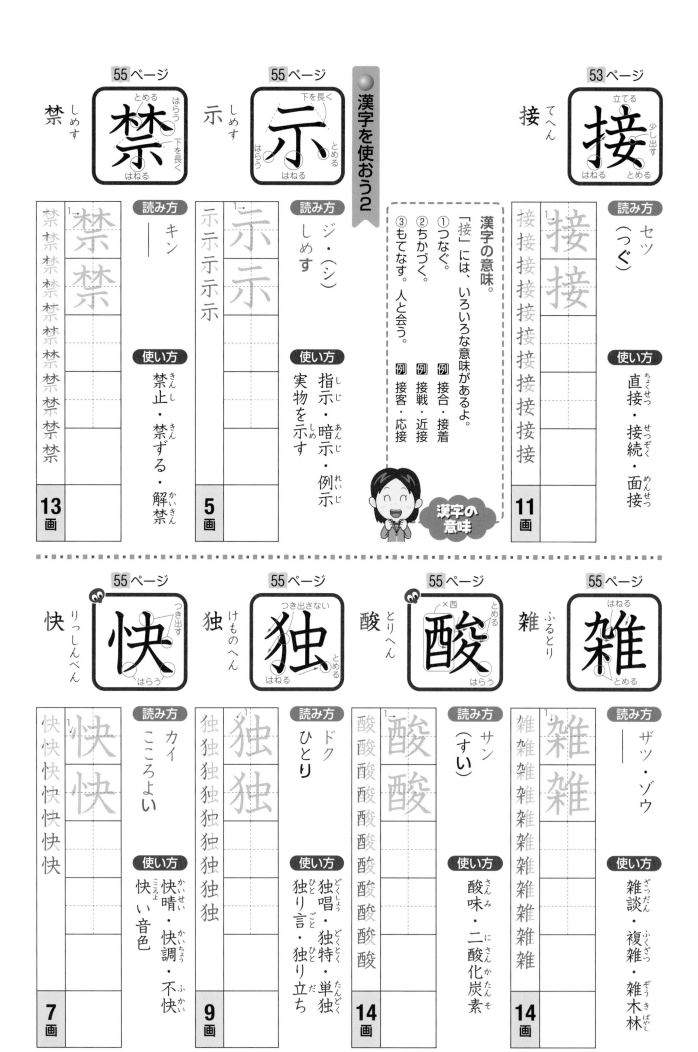

要旨《し》をまとめ、自分の考えを伝えよう

練習のワーク

インターネットは冒《ぼう》険だ
漢字を使おう2

教科書 44〜55ページ

答え 2ページ

勉強した日　月　日

1 新しい漢字を読みましょう。

① 44ページ 冒《ぼう》険（　　）が始まる。

② テレビ局に所属（　　）する。

③ 宇《う》宙《ちゅう》飛行士（　　）になる。

④ 話が入り混（　　）じる。

⑤ 災害（　　）が増える。

⑥ 仕組みに原因（　　）がある。

⑦ みんなの興味（　　）を引く。

⑧ 過激《げき》（　　）な内容。

⑨ 危《き》険性（　　）を感じる。

⑩ 構成（　　）を確かめる。

⑪ 考えを直接（　　）のべる。

⑫ 55ページ 問いを示（　　）す。

⑬ 人に指示（　　）する。

⑭ 立ち入り禁止（　　）の場所。

⑮ 友達と雑談（　　）する。

⑯ 酸味（　　）が強い。

⑰ ぶ台で独唱（　　）する。

⑱ 快（　　）く応じる。

⑲ 快晴（　　）の空。

✿⑳ ここからはってん 険（　　）しい山道。

✿㉑ 駅前が混雑（　　）する。

✿の漢字は新出漢字の別の読み方です。

✿㉒ 年月を共に〔過ごす〕。

✿㉓ 〔雑木林で遊ぶ〕。

2 新しい漢字を書きましょう。〔　〕は、送りがなも書きましょう。

① 44ページ 冒《ぼう》□《けん》の旅に出る。

② チームに□□《しょぞく》する。

③ 宇宙《うちゅう》□□□《ひこうし》と会う。

④ 感情が入り〔　《まじる》〕。

⑤ □□《さいがい》にそなえる。

⑥ □□《げんいん》と結果。

⑦ ニュースに□□《きょうみ》を持つ。

⑧ □《か》激《げき》な方法。

⑨ 危《き》□□《けんせい》が高い。

⑩ 文章の□□《こうせい》を考える。

⑪ □□《ちょくせつ》言う。

⑫ 55ページ 見本を〔　《しめす》〕。

⑬ □□《しじ》にしたがう。

⑭ 使用□□《きんし》。

⑮ 一時間ほど□□《ざつだん》する。

⑯ □□《さんみ》があるくだもの。

⑰ 歌手の□□《どくしょう》をきく。

⑱ 〔　《こころよく》〕返事する。

⑲ 今日は□□《かいせい》だ。

✿⑳ ここからはってん □《けわ》しい顔つき。

✿㉑ □□《こんざつ》をさけて歩く。

3 漢字で書きましょう。（〰は、送りがなも書きましょう。太字は、この回で習った漢字を使った言葉です。）

① さいがいのげんばにむかう。

② ちちのはなしにきょうみをしめす。

③ こころよいどくしょうがきこえる。

4 漢字を使おう　四年生で習った漢字を書きましょう。〔　〕は、送りがなも書きましょう。

① バターの□□《ざいりょう》。

② □□《ぼくじょう》を見学する。

③ 北海道の□《ぐん》部に住む。

④ □□□《ひこうじょう》に着陸する。

⑤ □□□《むじんとう》でくらす。

⑥ ゆたかな□□《しぜん》。

⑦ 沖合いへ□《りょう》に出る。

⑧ □□《ろうりょく》を使う。

⑨ みさきの□□《とうだい》。

⑩ □□《かいてい》トンネルを通る。

⑪ □□□□《かもつれっしゃ》。

⑫ □□□《ふしぎ》な伝説。

⑬ 山々が〔　　〕《つらなる》。

⑭ □□□《みやぎけん》の祭り。

⑮ □□□《みんげいひん》を買う。

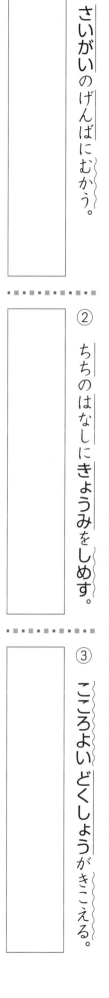

基本のワーク

地域《いき》のみりょくを伝えよう／漢字の成り立ち
いにしえの言葉に親しもう

教科書 58～71ページ

勉強した日　月　日

◆「読み方」の赤い字は教科書で使われている読みです。●はまちがえやすい漢字です。

61ページ

識　ごんべん

識（立てる・一画・あける・はねる）

読み方
シキ
―

使い方
意識《いしき》・識別《しきべつ》・標識《ひょうしき》

19画

注意！
漢字の形。
識　横ぼうは長くのばすよ。
「音」と「戈」に分けて書かないようにね。

65ページ

潔　さんずい

潔（つき出さない・つき出す・はねる・とめる）

読み方
ケツ
（いさぎよい）

使い方
清潔《せいけつ》・潔白《けっぱく》・高潔《こうけつ》

15画

65ページ

比　ならびひ

比（はねる・折る・曲げる）

読み方
ヒ
くらべる

使い方
対比《たいひ》・比例《ひれい》
大きさを比《くら》べる

4画

でき方
漢字のでき方。
比　匕匕｝両方とも「人」を表しているよ。
人が二人ならんで「くらべる」という意味の字だよ。

65ページ

河　さんずい

河（つき出す・はねる）

読み方
カ
かわ

使い方
大河《たいが》・河川《かせん》・運河《うんが》
長い河《かわ》

8画

65ページ

精 こめへん

一番長く
はねる
とめる

読み方
セイ・（ショウ）
—

使い方
精神《せいしん》・精算《せいさん》・精米《せいまい》

14画

65ページ

版 かたへん

つき出す
はらう
はらう
とめる

読み方
ハン
—

使い方
出版《しゅっぱん》・版画《はんが》・石版《せきばん》

8画

形のにている漢字。
版…印刷の元になるいた。例 版画
板…木材などのいた。例 黒板
坂…さか。例 坂道

注意！

いにしえの言葉に親しもう

68ページ

勢 ちから

はねる

読み方
セイ
いきおい

使い方
勢力《せいりょく》・運勢《うんせい》
勢《いきお》いがいい

13画

70ページ

織 いとへん

立てる
一画
はらう
とめる
はねる

読み方
（ショク）・シキ
おる

使い方
組織《そしき》・織《お》り交《ま》ぜる
布《ぬの》を織《お》る・織物《おりもの》

18画

70ページ

紀 いとへん

あける
はらう
とめる
はねる

読み方
キ
—

使い方
紀行文《きこうぶん》・風紀《ふうき》
二十一世紀《にじゅういっせいき》

9画

70ページ

永 みず

あける
はらう
はねる

読み方
エイ
ながい

使い方
永遠《えいえん》・永久《えいきゅう》・永住《えいじゅう》
永《なが》いねむりにつく

5画

71ページ

志 こころ

上を長く
はねる

読み方
シ
こころざす
こころざし

使い方
意志《いし》・志望《しぼう》・同志《どうし》
医者を志《こころざ》す・同じ志《こころざし》

7画

ものしりメモ
「志」は、「志を持つ」「高い志」などのように「こころざし」と読む場合は、送りがなを付けないので注意しよう。

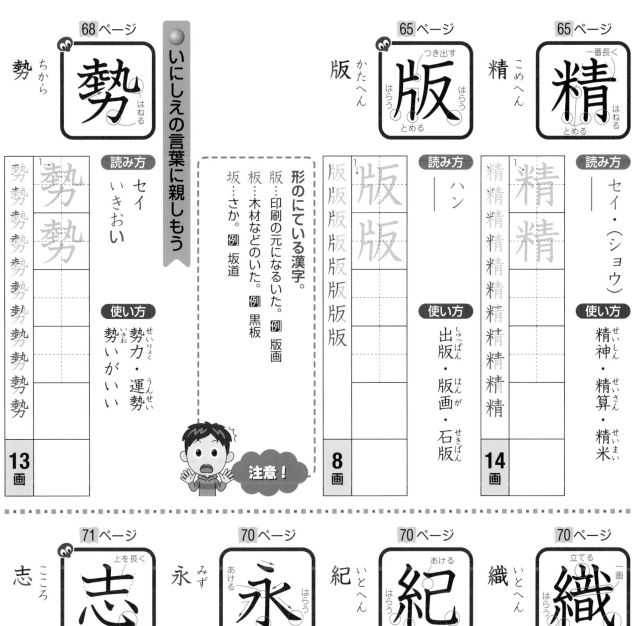

練習のワーク

地域《いき》のみりょくを伝えよう／漢字の成り立ち
いにしえの言葉に親しもう

教科書 58～71ページ　答え 2ページ

勉強した日　月　日

1 新しい漢字を読みましょう。

① 58ページ 書くことを意識（　）する。

② 64ページ 清潔（　）な部屋。

③ 二つを対比（　）する。

④ 大河（　）が流れる。

⑤ 精神（　）を集中する。

⑥ 本を出版（　）する。

⑦ 66ページ 勢（　）いがさかんだ。

⑧ 漢字を織（　）り交ぜる。

⑨ 紀行文（　）を読む。

⑩ 永遠（　）に続く。

⑪ 強い意志（　）を持つ。

ここからはってん

✿⑫ 今と昔を比（　）べる。

✿⑬ 河（　）のほとり。

✿⑭ 台風の勢力（　）。

✿⑮ 組《そ》織（　）の一員になる。

✿⑯ 末永（　）い幸せをいのる。

✿⑰ 医者を志（　）す。

✿⑱ 高い志（　）。

✿の漢字は新出漢字の別の読み方です。

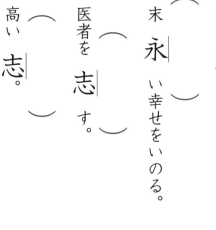

2 新しい漢字を書きましょう。〔　〕は、送りがなも書きましょう。

①［58ページ］ □□《いしき》を向ける。

②［64ページ］ □□《せいけつ》なハンカチ。

③ 両者を□□《たいひ》する。

④ □□《たいが》の流域《いき》。

⑤ □□《せいしん》をきたえる。

⑥ 詩集を□□《しゅっぱん》する。

⑦［66ページ］ 〔　　〕《いきおい》よくける。

⑧ 別の糸を〔　　〕《おり》交ぜる。

⑨ 有名な□□□《きこうぶん》。

⑩ □□《えいえん》に残る。

⑪ 兄の□□《いし》はかたい。

✿⑫ ここからはってん 人と□《くら》べる。

✿⑬ □□《せいりょく》が弱まる。

✿⑭ 組《そ》□《しき》に所属する。

✿⑮ □《なが》いねむりにつく。

✿⑯ 医学の道を□《こころざ》す。

✿⑰ □《こころざし》をもつ。

3 漢字で書きましょう。（太字は、この回で習った漢字を使った言葉です。）

① **せいけつ**をたもつことを**いしき**する。

②**せいしん**についてけんきゅうする。

③ さっかが**きこうぶん**を**しゅっぱん**する。

基本のワーク

世界でいちばんやかましい音／漢字を使おう3
思考に関わる言葉

教科書 72〜91ページ

勉強した日　月　日

◆「読み方」の赤い字は教科書で使われている読みです。●はまちがえやすい漢字です。

世界でいちばんやかましい音

79ページ

歴　とめる

（とめる・はらう・はらう）

読み方：レキ

使い方：歴史《れきし》・歴代《れきだい》　学歴《がくれき》・経歴《けいれき》

14画

79ページ

史　くち

（つき出す・はらう）

読み方：シ

使い方：歴史《れきし》・史実《しじつ》・日本史《にほんし》

5画

漢字の意味

史

漢字の意味。
もとは、天体の動きやこよみを書きつける「大事な記録をする人」を表したよ。
ここから、「歴史の記録」や「文章を書く人」の意味になったよ。

80ページ

喜　くち

（上を長く・一番長く）

読み方：キ　よろこぶ

使い方：悲喜《ひき》こもごも　ほめられて喜《よろこ》ぶ

12画

80ページ

賛　かい

（とめる・はらう・とめる）

読み方：サン

使い方：賛成《さんせい》・賛同《さんどう》・賞賛《しょうさん》

15画

覚えよう！

「賛」を使った四字熟《じゅく》語。
自画自賛《じがじさん》…自分で、自分をほめること。
賛成多数《さんせいたすう》…賛成の意見が数多くあること。

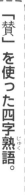

漢字を使おう3

職 みみへん
82ページ

立てる　一画　つき出さない　はねる

読み方
ショク
—

使い方
職場《しょくば》・職業《しょくぎょう》・無職《むしょく》

18画

任 にんべん
84ページ

上を長く

読み方
ニン
まか**せる**・まか**す**

使い方
任命《にんめい》・責任《せきにん》
人に任《まか》せる・運に任《まか》す

6画

漢字の意味。
「任」は、「まかせられたつとめ」「ある役目に当てる」という意味で使うよ。
「仕」と形がにているけれど、使い方や読み方はちがうから注意してね。

仏 にんべん
89ページ

とめる

読み方
ブツ
ほとけ

使い方
仏像《ぶつぞう》・仏教《ぶっきょう》・大仏《だいぶつ》
仏《ほとけ》の教え

4画

招 てへん
89ページ

つき出さない　はねる　はねる

読み方
ショウ
まね**く**

使い方
招待状《しょうたいじょう》・招集《しょうしゅう》
人を招《まね》く

8画

漢字のでき方。
招
召…「口でよびよせる」ことを表す。
扌…「手」を表す。
「手まねきして、人をよびよせる」という意味を表すよ。

状 いぬ
89ページ

つき出さない　わすれない　とめる　はらう

読み方
ジョウ
—

使い方
招待状《しょうたいじょう》・白状《はくじょう》・礼状《れいじょう》

7画

殺 るまた
89ページ

はねる　とめる　はらう　あける

読み方
サツ・(サイ)(セツ)
ころ**す**

使い方
殺虫《さっちゅう》ざい
虫を殺《ころ》す

10画

ものしりメモ
「職」と形の似ている漢字に「織」「識」があるよ。どれも５年生で学習する漢字なので、ちがいを見分けてしっかり覚えよう。

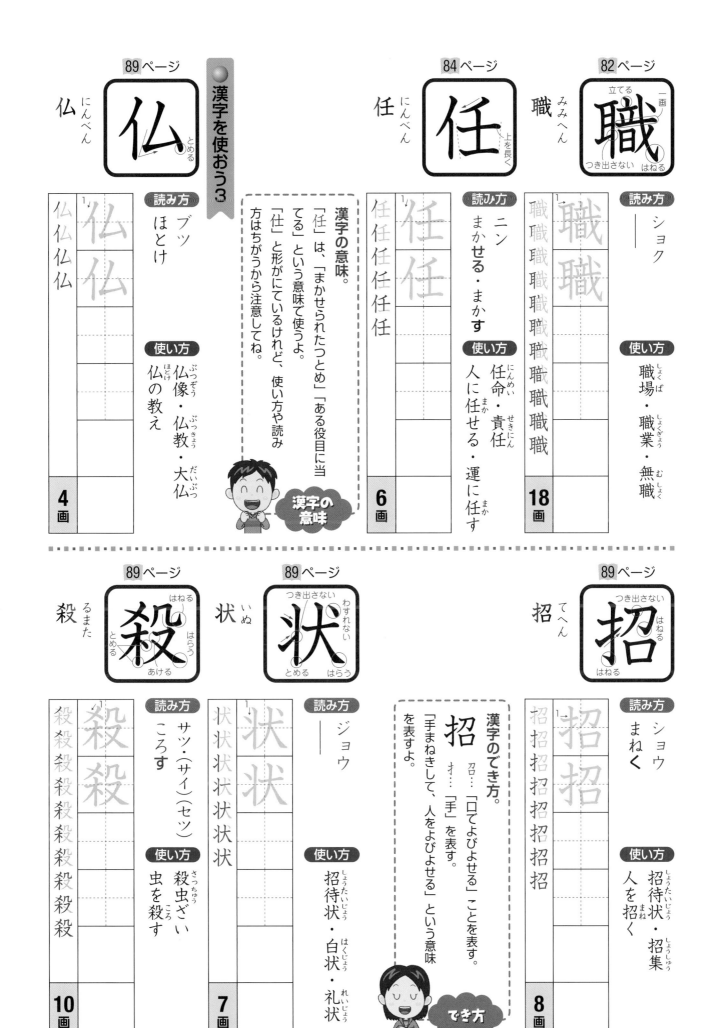

89ページ

態《たい》　こころ

とめる　はねる　はねる

読み方

タイ

―

使い方

態度《たいど》・実態《じったい》・状態《じょうたい》

14画

思考に関わる言葉

漢字の意味。

「態」には、「ありさま・ふるまい」という意味があるよ。

例　状態…物事の様子やありさま。

例　態度…心の動きが表れた表情や身ぶり。

漢字の意味

90ページ

仮　にんべん

はらう

読み方

カ・（ケ）

かり

使い方

仮定《かてい》・仮説《かせつ》・仮面《かめん》

仮《かり》にとめる

6画

90ページ

断　おのづくり

とめる　はらう　とめる

読み方

ダン

（たつ）・ことわる

使い方

断定《だんてい》・横断《おうだん》・油断《ゆだん》

さそいを断《ことわ》る

11画

90ページ

判　りっとう

つき出す　とめる　はねる

読み方

ハン・バン

―

使い方

判断《はんだん》・判別《はんべつ》

大判《おおばん》・評判《ひょうばん》

7画

91ページ

測　さんずい

とめる　はねる

読み方

ソク

はかる

使い方

予測《よそく》・測定《そくてい》・計測《けいそく》

身長を測《はか》る

12画

91ページ

条　き

はらう　とめる

読み方

ジョウ

―

使い方

条件《じょうけん》・条約《じょうやく》・条例《じょうれい》

7画

読みかえの漢字

89ページ

外《ほか》

思《おも》いの外《ほか》

ものしりメモ

「測る」は長さや広さなどをはかるとき、「量る」は重さなどをはかるとき、「計る」は時間や数などをはかるときに使うよ。使い方に気をつけよう。

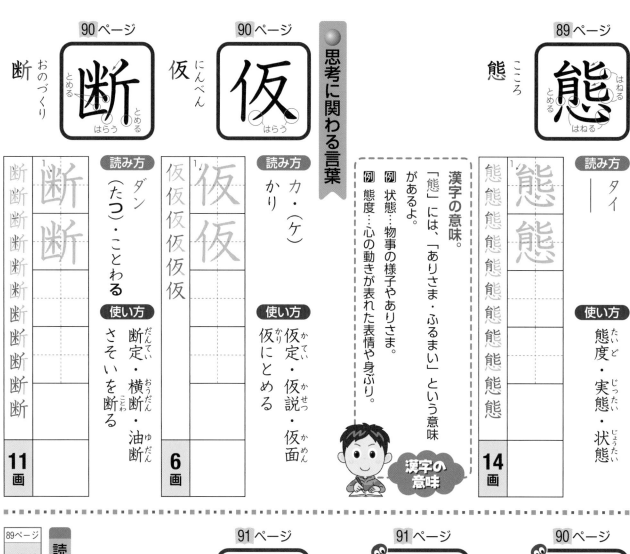

練習のワーク

世界でいちばんやかましい音／漢字を使おう3
思考に関わる言葉

教科書 72〜91ページ
答え 2ページ

勉強した日　月　日

1 新しい漢字を読みましょう。

① 72ページ 歴史（　　）に残る。
② みんなが喜（　　）ぶ。
③ 全員賛成（　　）する。
④ 職場（　　）の友人。
⑤ 人に任（　　）せる。
⑥ 89ページ 仏像（　　）をほる。
⑦ 招待状（　　）を送る。

⑧ 思いの外（　　）遠かった。
⑨ 息を殺（　　）して見守る。
⑩ 態度（　　）が悪い。
⑪ 90ページ 雪がふると仮定（　　）する。
⑫ はっきりと断定（　　）する。
⑬ 内容を判断（　　）する。
⑭ 未来を予測（　　）する。

ここからはってん

⑮ 条件《けん》（　　）を挙げる。
✿⑯ 人生の悲喜（　　）こもごも。
✿⑰ 大臣に任命（　　）する。
✿⑱ 仏（　　）のような顔。
✿⑲ 客を招（　　）く。
✿⑳ 殺虫（　　）ざいをまく。
✿㉑ 仮（　　）で決める。

✿の漢字は新出漢字の別の読み方です。

✿㉒ たのみを〔断る。〕

✿㉓ 〔大判〕のスカーフ。

✿㉔ きょりを〔測る。〕

2 新しい漢字を書きましょう。〔　〕は、送りがなも書きましょう。

① 72ページ 日本の□□《れきし》。

② 勝利を〔　　〕《よろこぶ》。

③ 議案に□□《さんせい》する。

④ □□《しょくば》が変わる。

⑤ 仕事を〔　　〕《まかせる》。

⑥ 89ページ □□《ぶつぞう》をおがむ。

⑦ □□□《しょうたいじょう》をもらう。

⑧ 思いの□《ほか》軽い。

⑨ 虫を〔　　〕《ころす》。

⑩ □□《たいど》を改める。

⑪ 90ページ うまくいくと□□《かてい》する。

⑫ まちがいだと□□《だんてい》する。

⑬ □□《はんだん》をあやまる。

⑭ □□《よそく》を立てる。

⑮ □《じょう》件《けん》がそろう。

ここからはってん

✿⑯ 係に□□《にんめい》する。

✿⑰ 家に□《まね》く。

✿⑱ □《かり》の住まい。

✿⑲ 協力を□《ことわ》る。

✿⑳ □□《おおばん》のノート。

✿㉑ 道路のはばを□《はか》る。

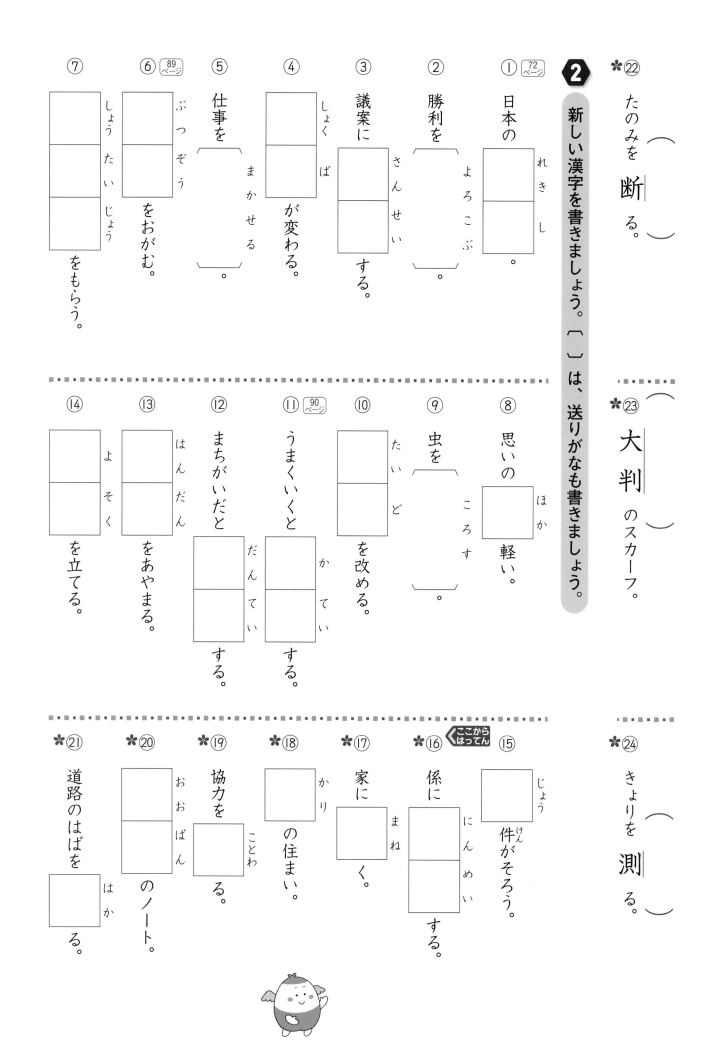

3 漢字で書きましょう。（〜〜は、送りがなも書きましょう。太字は、この回で習った漢字を使った言葉です。）

① せかいの**ぶつぞう**の**れきし**を~~まなぶ~~。

② はは の**しょくば**は~~えき~~に~~ちかい~~。

③ **はんだん**を~~おや~~に~~まかせる~~。

4 漢字を使おう 四年生で習った漢字を書きましょう。

① □□《きゅうしょく》の時間。

② □□《やくそく》を守る。

③ 円の□□《はんけい》を求める。

④ 長さの□□《たんい》。

⑤ 百□《おく》と十□《ちょう》。

⑥ □□《えいご》を習う。

⑦ 全員で□□《がっしょう》する。

⑧ □□《がっき》を鳴らす。

⑨ 植物の□□《かんさつ》。

⑩ □《たね》から□《め》が出る。

⑪ □□□《ときょうそう》に出じょうする。

⑫ 出来事を□□《きろく》する。

⑬ 委員を□□《せんきょ》で決める。

⑭ □□《じゅんばん》にならぶ。

⑮ □□《とうひょう》を行う。

⑯ □□《しめい》を書く。

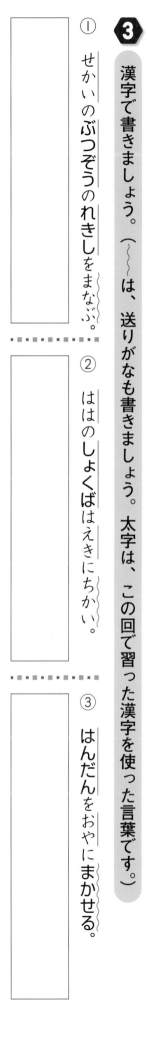

基本のワーク

新聞記事を読み比べよう

勉強した日　月　日

◆「読み方」の赤い字は教科書で使われている読みです。はまちがえやすい漢字です。

新聞記事を読み比べよう

94ページ

常　常　はば

はねる　とめる

読み方
ジョウ
つね・(とこ)

使い方
常識《じょうしき》・日常《にちじょう》・非常《ひじょう》
常《つね》に健康に注意する

11画

筆順に注意。
常
「常」の上の部分は「常常常」の順で書くよ。「常常常」ではないので気をつけよう。

94ページ

均　均　つちへん

はねる

読み方
キン

使い方
平均《へいきん》・均一《きんいつ》・均等《きんとう》

7画

95ページ

件　件　にんべん

つき出す　下を長く

読み方
ケン

使い方
事件《じけん》・案件《あんけん》・条件《じょうけん》

6画

漢字の形。
○ 均　× 均
右側の中は二画書くよ。点を打つだけにしないようにしよう。

漢字の意味。
「件」には、「ことがら」という意味があるよ。「一件、二件…」と物事を数える言葉としても使うね。
例 用件…用事。用事の内容。
例 件数…ことがらや事件の数。

95ページ

故

故 ぼくにょう のぶん

はらう

読み方

コ
（ゆえ）

使い方

事故《じこ》・故意《こい》・故人《こじん》

9画

漢字の意味。

「故」は、「昔からの」「出来事」「死んでいる」「わざと」「理由」などの意味がある漢字だよ。

例 故国…自分の出身国。 故人…死んだ人。

例 故意…わざとすること。

95ページ

政

政 ぼくにょう のぶん

はらう

読み方

セイ・（ショウ）
（まつりごと）

使い方

政治《せいじ》・政府《せいふ》・行政《ぎょうせい》

9画

漢字のでき方。

政 攵…「強制《せい》する」ことを表す。 正…「ただしい」ことを表す。

「力を加えて正しい道へみちびく」などの意味を表すよ。

95ページ

編

編 いとへん

はらう とめる はねる

読み方

ヘン
あむ

使い方

編集《へんしゅう》・編入《へんにゅう》・長編《ちょうへん》
かごを編《あ》む

15画

漢字のでき方。

編 扁…「木や竹の札」を表す。 糸…「糸でとじる」ことを表す。

昔の書物は、木や竹の札に字を書いたものを糸でつなぎ合わせて作られていたよ。

97ページ

刊

刊 りっとう

つき出さない 下を長く とめる はねる

読み方

カン
―

使い方

朝刊《ちょうかん》・刊行《かんこう》・月刊《げっかん》

5画

漢字のでき方。

刊 刂…「刀」を表す。 干…「けずる」ことを表す。

昔は木の札や竹に刀で字をきざんで印刷したことから、「出版する」という意味を表すよ。

ものしりメモ 「故」を使った四字熟《じゅく》語に「温故知新《おんこちしん》」があるよ。「昔のことをよく研究して、そこから新たな知識や考えを引き出すこと」を表す言葉だよ。

練習のワーク

新聞記事を読み比べよう

教科書 92～102ページ

答え 2ページ

勉強した日　月　日

1 新しい漢字を読みましょう。

① 92ページ 情報を常（　　）に伝える。

② 高さを平均（　　）する。

③ 海外の事件（　　）。

④ 事故（　　）の写真。

⑤ 政治（　　）の話題。

⑥ 紙面を編集（　　）する。

⑦ 朝刊（　　）を読む。

✿⑧ ここからはってん 常識（　　）はずれなこう動。

✿⑨ 竹かごを編（　　）む。

2 新しい漢字を書きましょう。

① 92ページ □《つね》に明るい。

② 七月の□□《へいきん》気温。

③ □□《じけん》が起こる。

④ □□《じこ》をふせぐ。

⑤ □□《せいじ》にたずさわる。

⑥ 本の□□《へんしゅう》。

⑦ □□《ちょうかん》がとどく。

✿⑧ ここからはってん □□《じょうしき》をうたがう。

✿⑨ 詩集を□《あ》む。

✿の漢字は新出漢字の別の読み方です。

3 漢字で書きましょう。（〜〜は、送りがなも書きましょう。太字は、この回で習った漢字を使った言葉です。）

① **つね**にどりょくをおこたらない。

② ねんかんうりょうを**へいきん**する。

③ けいさつが**じけん**のはんにんをおう。

④ **じこ**のげんいんをちょうさする。

⑤ こくみんのための**せいじ**をおこなう。

⑥ ざっしの**へんしゅう**。

⑦ まいにち**ちょうかん**をはいたつする。

夏休み まとめのテスト①

教科書 16～102ページ

答え 3ページ

時間 20分

とく点　　/100点

勉強した日　　月　　日

1 ――線の漢字の読み方を書きましょう。　一つ2（28点）

① 複数（　　）の名字（　　）を名ぼに書く。

② 久（　　）しぶりに増益（　　）が見こまれる。

③ 生死の境（　　）にある人を救（　　）う。

④ 工場の衛生（　　）管理の調査（　　）をする。

⑤ 質問（　　）する際（　　）は手を挙げる。

⑥ 別のことに興味（　　）が移（　　）る。

⑦ 宇宙《うちゅう》飛行士（　　）と直接（　　）対話する。

2 □は漢字を、〔　〕は漢字と送りがなを書きましょう。　一つ2（28点）

① ひとり□□《いっこ》。

② 〔　　〕《よっ》葉のクローバー。

③ □□《ぜっく》する。

④ □《ゆめ》をいだく。

⑤ □□《そうぞう》上の動物。

⑥ □□《がんきゅう》の検査。

⑦ □□《ていし》信号。

⑧ 要求に□《おう》じる。

⑨ □□《しりょう》を集める。

⑩ □□《げんざい》の気温。

⑪ 新しい□□《じょうほう》。

⑫ 機会を〔　　〕《える》。

⑬ □□□《そうごうてき》。

⑭ 話の□□《ないよう》。

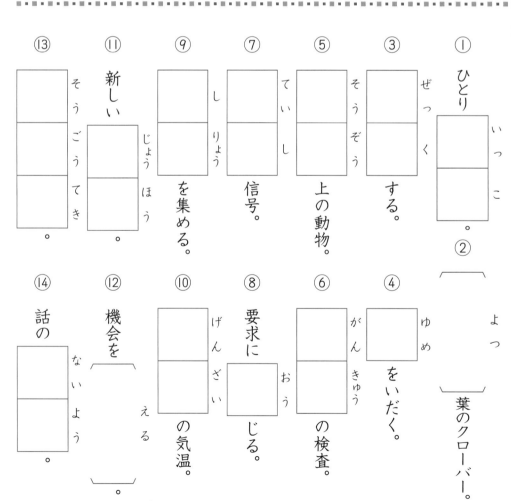

3 ──線の言葉を、漢字と送りがなで書きましょう。 一つ2（10点）

① 事実をたしかめる。 □

② 運を天にまかせる。 □

③ 政治家をこころざす。 □

④ 申し出をことわる。 □

⑤ いきおいよく水を出す。 □

4 次の漢字の二通りの読み方を書きましょう。 一つ1（6点）

① 混
- 1 絵の具の色を混ぜる。（　）
- 2 バスの車ないが混む。（　）

② 増
- 1 人口が増える。（　）
- 2 スピードが増す。（　）

③ 外
- 1 ボタンを外す。（　）
- 2 思いの外早く進む。（　）

5 形がにていて同じ音《おん》読みをする漢字を□に書きましょう。 一つ2（16点）

①
- 1 予（ソク）□を立てる。
- 2 箱の（ソク）□面。

②
- 1 （キ）□入する。
- 2 （キ）□行文。

③
- 1 正（ギ）□の味方。
- 2 会（ギ）□に出る。

④
- 1 （セイ）□書する。
- 2 （セイ）□神力。

6 次の漢字の成り立ちをア～エから選んで、（　）にき号で答えましょう。 一つ3（12点）

① 末（　）　② 馬（　）

③ 林（　）　④ 版（　）

ア 象形《しょうけい》文字　イ 指事《しじ》文字

ウ 会意《かいい》文字　エ 形声《けいせい》文字

夏休み まとめのテスト❷

教科書 16〜102ページ
答え 3ページ

時間 20分

得点 /100点
勉強した日 月 日

1 ――線の漢字の読み方を書きましょう。 一つ2(28点)

① 図書室での**雑談**(　　)を**禁止**(　　)する。

② **対比**(　　)がきわ立つ**構成**(　　)にする。

③ **大河**(　　)をめぐる旅の**紀行文**(　　)を書く。

④ 強い**意志**(　　)でてきの**勢**(　　)いに打ち勝つ。

⑤ **条件**(　　)によっては**賛成**(　　)だ。

⑥ **常**(　　)に**事故**(　　)には気をつける。

⑦ **朝刊**(　　)に昨日の**事件**(　　)の記事がのる。

2 □は漢字を、〔　〕は漢字と送りがなを書きましょう。 一つ2(28点)

① □□《しょぞく》チーム。

② □□《さいがい》がへる。

③ 危《き》□□《けんせい》が高い。

④ 図で〔　　〕《しめす》。

⑤ □□《どくしょう》する。

⑥ □□《せいけつ》にする。

⑦ □□《れきし》を学ぶ。

⑧ 妹が〔　　〕《よろこぶ》。

⑨ お寺の□□《ぶつぞう》。

⑩ □□《しょうたいじょう》。

⑪ □□《たいど》を変える。

⑫ □□《かてい》する。

⑬ 正しい□□《はんだん》。

⑭ □□《へいきん》身長。

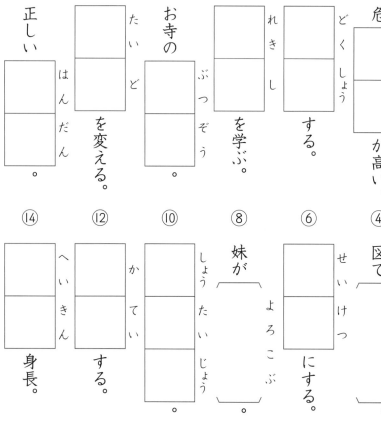

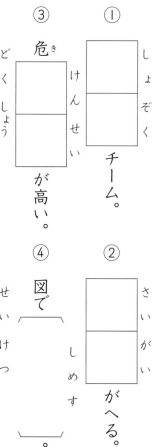

3 ——線の同じ読み方をする言葉を、漢字と送りがなで書きましょう。 一つ2（16点）

①
1 太陽があらわれる。 □
2 気持ちが顔にあらわれる。 □

②
1 黒板の字を書きうつす。 □
2 つくえをまど側にうつす。 □

③
1 声えんにこたえる。 □
2 問題にこたえる。 □

④
1 身長をはかる。 □
2 体重をはかる。 □

4 次の漢字の総画数を、（　）に数字で書きましょう。 一つ2（8点）

① 興（　　）画　② 過（　　）画

③ 編（　　）画　④ 殺（　　）画

5 次の漢字の筆順で、正しいほうに○をつけましょう。 一つ1（2点）

① 因
ア（　）一 大 大 因 因
イ（　）因 因 因 因 因

② 常
ア（　）常 常 常 常 常 常
イ（　）常 常 常 常 常 常

6 形のにている漢字に気をつけて、□に漢字を書きましょう。 一つ2（10点）

①
1 □《こおり》がとける。
2 □《えい》遠。

②
1 □《しょく》員室。
2 組《そ》□《しき》。
3 常□《しき》。

7 次の漢字と同じ成り立ちの漢字を□から選び、□に書きましょう。 一つ2（8点）

① 絵 □　② 火 □

③ 三 □　④ 岩 □

目	鳴
本	停

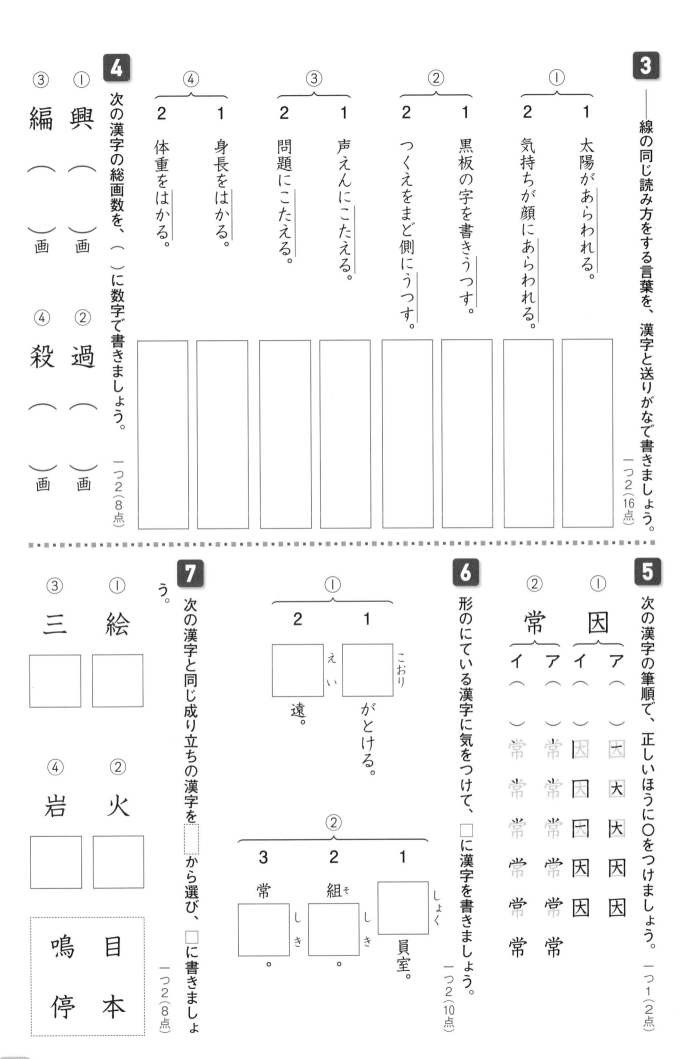

基本のワーク

未知へ　心の動きを短歌で表そう

教科書 112〜117ページ

勉強した日　月　日

◆「読み方」の赤い字は教科書で使われている読みです。はまちがえやすい漢字です。

未知へ／心の動きを短歌で表そう

象（113ページ）　象　ぶた　いのこ

読み方：ショウ・ゾウ　―

使い方：印象《いんしょう》・気象《きしょう》・対象《たいしょう》　象《ぞう》の大きい体

12画

基（116ページ）　基　つち

読み方：キ　（もと）（もとい）

使い方：基本《きほん》・基準《きじゅん》・基地《きち》

11画

漢字のでき方。「基」は、「土」と、「其」(四角い台)を合わせた字だよ。「土台」という意味を表すよ。

でき方

修（117ページ）　修　にんべん

読み方：シュウ・（シュ）　おさめる・おさまる

使い方：修正案《しゅうせいあん》・修理《しゅうり》　学問を修《おさ》める

10画

適（117ページ）　適　しんにょう　しんにゅう

読み方：テキ　―

使い方：適切《てきせつ》・適当《てきとう》・最適《さいてき》

14画

序（117ページ）　序　まだれ

読み方：ジョ　―

使い方：順序《じゅんじょ》・序文《じょぶん》・序列《じょれつ》

7画

詩を読もう

練習のワーク

未知へ
心の動きを短歌で表そう

教科書 112～117ページ

答え 4ページ

勉強した日　　月　　日

1 新しい漢字を読みましょう。

① 112ページ よい印象（　　）を受ける。

② 114ページ 基本（　　）の数え方。

③ 修正案（　　）を作る。

④ 適切（　　）なアドバイス。

⑤ 言葉をならべる順序（　　）。

✿⑥ ここからはってん 動物園の象（　　）。

✿⑦ 学問を修（　　）める。

2 新しい漢字を書きましょう。

① 112ページ □□《いんしょう》がうすい。

② 114ページ □□《きほん》を覚える。

③ □□□《しゅうせいあん》を出す。

④ □□《てきせつ》な表現。

⑤ □□《じゅんじょ》を変える。

✿⑥ ここからはってん □《ぞう》にえさをやる。

✿⑦ 医学を□《おさ》める。

✿の漢字は新出漢字の別の読み方です。

基本のワーク

問題を解決《かい》するために話し合おう 漢字を使おう4

教科書 118〜123ページ

勉強した日 月 日

◆「読み方」の赤い字は教科書で使われている読みです。はまちがえやすい漢字です。

118ページ 解

解 つのへん

（つき出さない・はねる・つき出す・はねる）

読み方 カイ・（ゲ） とく・とかす とける

使い方 解決《かいけつ》・解説《かいせつ》・解答《かいとう》 結び目を解《と》く

13画

同じ読み方の言葉。

解答《かいとう》…問題を解いて、それに答えること。 例 クイズの解答者。

回答《かいとう》…問い合わせなどに答えること。 例 アンケートに回答する。

注意！

119ページ 減

減 さんずい

（わすれない・はねる）

読み方 ゲン へる・へらす

使い方 減少《げんしょう》・減点《げんてん》 人数が減《へ》る・量を減《へ》らす

12画

123ページ 格

格 きへん

（はらう・とめる）

読み方 カク・（コウ） ―

使い方 資格《しかく》・合格《ごうかく》・体格《たいかく》

10画

123ページ 額

額 おおがい

（立てる・はねる・とめる）

読み方 ガク ひたい

使い方 総額《そうがく》・金額《きんがく》・全額《ぜんがく》 額《ひたい》のあせ

18画

123ページ 貸

貸 かい

（ひらたく・はねる・とめる）

読み方 （タイ） かす

使い方 貸《か》し出す・本を貸《か》す 貸《か》し借《か》り

12画

123ページ

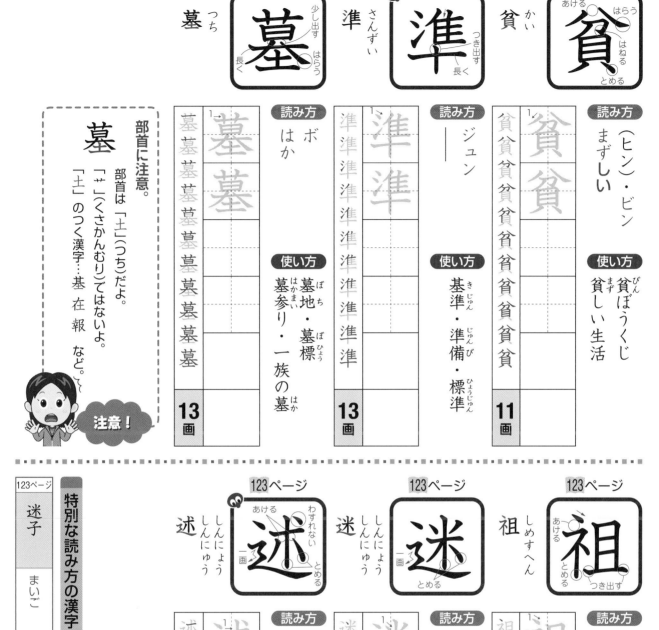

貧 かい

（あける・はらう・はねる・とめる）

読み方
（ヒン）・ビン
まずしい

使い方
貧《びん》ぼうくじ
貧《まず》しい生活

11画

123ページ

準 さんずい

（つき出す・長く）

読み方
ジュン
—

使い方
基準《きじゅん》・準備《じゅんび》・標準《ひょうじゅん》

13画

123ページ

墓 つち

（少し出す・はらう・長く）

読み方
ボ
はか

使い方
墓地《ぼち》・墓標《ぼひょう》
墓参《はかまい》り・一族の墓《はか》

13画

部首に注意。

墓

部首は「土」（つち）だよ。
「艹」（くさかんむり）ではないよ。
「土」のつく漢字…基 在 報 など。

123ページ

祖 しめすへん

（あける・とめる・つき出す）

読み方
ソ
—

使い方
先祖《せんぞ》・祖先《そせん》・祖父《そふ》

9画

123ページ

迷 しんにょう しんにゅう

（一画・とめる）

読み方
（メイ）
まよう

使い方
道に迷《まよ》う・気の迷《まよ》い

9画

123ページ

述 しんにょう しんにゅう

（あける・わすれない・一画・とめる）

読み方
ジュツ
のべる

使い方
述語《じゅつご》・記述《きじゅつ》
礼を述《の》べる

8画

特別な読み方の漢字

123ページ
迷子
まいご

ものしりメモ
「貧」は「貝」（ざい産）を「分」（分ける）ことによって貧しくなるため、「まずしい、すくない」という意味になるよ。

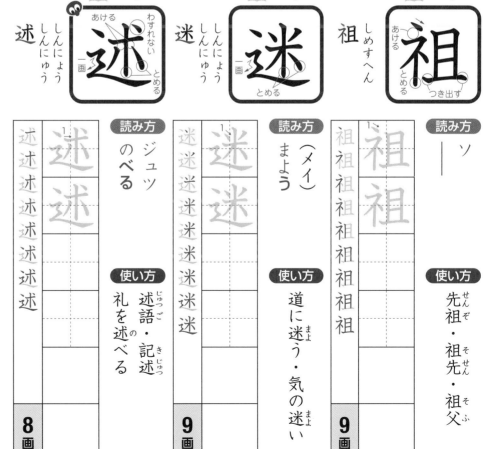

練習のワーク

問題を解決するために話し合おう
漢字を使おう4

教科書 118〜123ページ

答え 4ページ

勉強した日　　月　日

1 新しい漢字を読みましょう。

① 118ページ 問題を解決（　　）する。

② 読書の時間が減（　）る。

③ 123ページ 資格（　　）を取る。

④ し産の総額（　　）を出す。

⑤ 住民に本を貸（　）し出す。

⑥ 心が貧（　）しい人。

⑦ 貧（　）ぼうくじを引く。

⑧ 基準（　　）をもうける。

⑨ 墓（　）参りをする。

⑩ 先祖（　　）代々の教え。

⑪ 共同の墓地（　　）。

⑫ 道に迷（　）う。

⑬ 迷子（　　）をさがす。

⑭ 主ご述語（　　）。

⑮ 意見を述（　）べる。

✿⑯ ここからはってん 問題を解（　）く。

✿⑰ 人口が減少（　　）する。

✿⑱ 額（　）に手を当てる。

2 新しい漢字を書きましょう。〔　〕は、送りがなも書きましょう。

✿の漢字は新出漢字の別の読み方です。

①（118ページ）じ件が□□《かいけつ》する。

②体重が〔　　〕《へる》。

③（123ページ）教員の□□《しかく》。

④□□《そうがく》三億円かかる。

⑤かさを〔　　〕《かし》出す。

⑥〔　　〕《まずしい》くらし。

⑦□《びん》ぼうにたえる。

⑧□□《きじゅん》を満たす。

⑨お盆《ぼん》に□《はか》参りに行く。

⑩□□《せんぞ》代々の品を受けつぐ。

⑪□□《ぼち》を買う。

⑫どちらか〔　　〕《まよう》。

⑬□□《まいご》になる。

⑭主ごと□□《じゅつご》の関係。

⑮感想を〔　　〕《のべる》。

ここからはってん

✿⑯なぞを□《と》く。

3 漢字で書きましょう。（〰は、送りがなも書きましょう。太字は、この回で習った漢字を使った言葉です。）

①はなしあいで**かいけつ**する。

□

②しんごうきのせっちでじこが**へる**。

□

③ははえいようしの**しかく**をもつ。

□

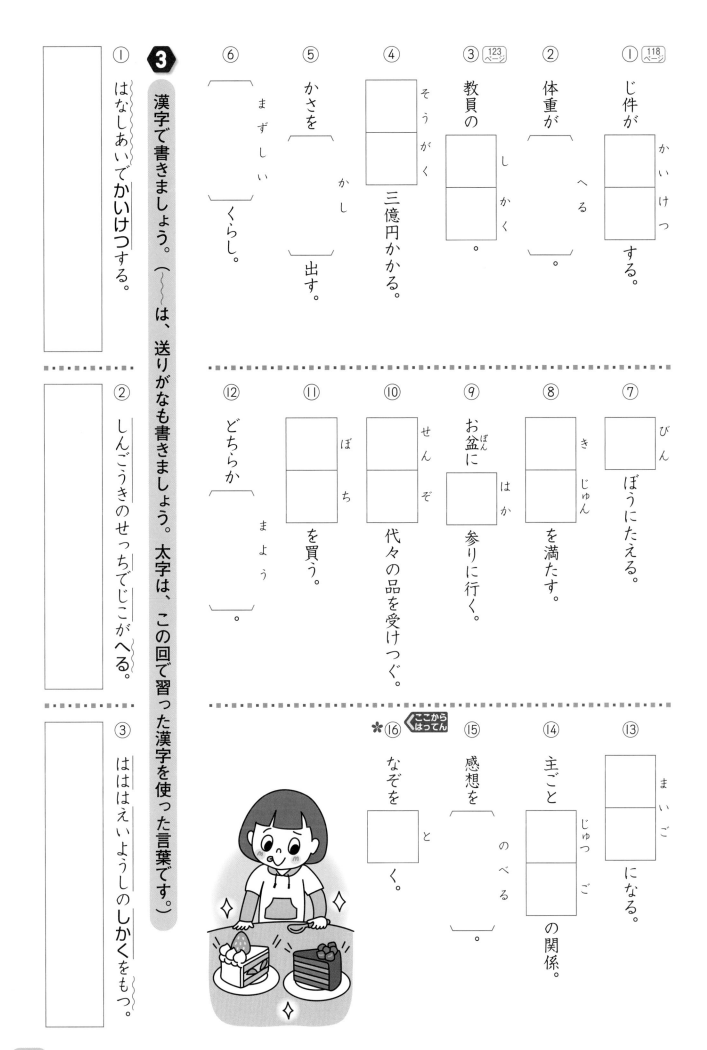

④ しさんのそうがくをこうひょうする。

⑤ じてんしゃをかしだすみせがある。

⑥ まずしいくににいやくひんをおくる。

⑦ とくてんがきじゅんにたっする。

⑧ かぞくでせんぞのはかまいりにいく。

⑨ まいごのとくちょうをのべる。

4 漢字を使おう 四年生で習った漢字を書きましょう。

① □□《にいがた》県の米。

② □□《ほくりく》地方のせん魚。

③ □□《いばらき》県のメロン。

④ □□《とちぎ》県のいちご。

⑤ □□《ぐんま》県のかるた。

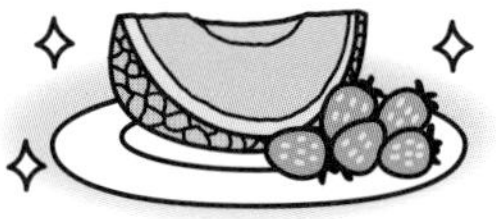

⑥ □□《とやま》県のくすり。

⑦ □□《ふくい》県のきょうりゅう。

⑧ □□《やまなし》県のぶどう。

⑨ □□《ひょうこう》がたかい。

⑩ □□《ぎふ》県の人形。

⑪ □□《しずおか》県の楽器。

⑫ □□《あいち》県のしゃちほこ。

⑬ □□《さいたま》県のひな人形。

⑭ □□□《かながわ》県の港。

⑮ 赤れんがの□□《そうこ》。

物語のおもしろさを解説しよう

基本のワーク

注文の多い料理店／漢字を使おう5 どうやって文をつなげればいいの?

教科書 124〜147ページ

勉強した日 月 日

注文の多い料理店

◆「読み方」の赤い字は教科書で使われている読みです。はまちがえやすい漢字です。

127ページ

損（てへん 損）

とめる はねる

読み方：ソン （そこなう）（そこねる）

使い方：損害《そんがい》・損失《そんしつ》・損得《そんとく》

13画

128ページ

造（しんにょう しんにゅう 造）

下を長く 一画

読み方：ゾウ つくる

使い方：造船所《ぞうせんじょ》・構造《こうぞう》・製造《せいぞう》 西洋造《せいようづく》り

10画

同じ読み方の漢字。

造《つく》る…建物や船など、大きいもの。
例 庭園を造る。橋を造る。

作《つく》る…小さなものや形のないもの。
例 プラモデルを作る。規則《きそく》を作る。

注意!

132ページ

寄（うかんむり 寄）

立てる はねる 長く

読み方：キ よる・よせる

使い方：寄港《きこう》・寄付《きふ》・寄《よ》りそう 右に寄《よ》る・顔を寄《よ》せる

11画

135ページ

非（あらず 非）

はらう とめる

読み方：ヒ —

使い方：非常《ひじょう》・非行《ひこう》・非礼《ひれい》

8画

打ち消しの意味を表す言葉。

非…非常識・非公式・非公開・非売品
不…不可能《かのう》・不公平・不自然・不平等
無…無責任《せきにん》・無意識・無記名・無意味
未…未完成・未解決・未成年・未発表

覚えよう!

135ページ

防　こざとへん

（立てる・はねる）

7画

防防防防防防防

読み方
ボウ
ふせぐ

使い方
予防《よぼう》・防火《ぼうか》
寒さを防《ふせ》ぐ

136ページ

毒　なかれ　ははのかん　はは

（長く・一画・はねる）

8画

毒毒毒毒毒毒毒毒

読み方
ドク
—

使い方
気《き》の毒《どく》・消毒《しょうどく》・中毒《ちゅうどく》

138ページ

責　かい

（一番長く・とめる）

11画

責責責責責責責責責責責

読み方
セキ
せめる

使い方
責任《せきにん》・重責《じゅうせき》
あやまちを責《せ》める

140ページ

破　いしへん

（小さく・はねる・はらう・あける）

10画

破破破破破破破破破破

読み方
ハ
やぶる・やぶれる

使い方
破産《はさん》・約束を破《やぶ》る
ふくろが破《やぶ》れる

140ページ

枝　きへん

（とめる・はらう）

8画

枝枝枝枝枝枝枝枝

読み方
（シ）
えだ

使い方
枝豆《えだまめ》・枝道《えだみち》・枝《えだ》分かれ

141ページ

師　はば

（つき出さない・はねる）

10画

師師師師師師師師師師

読み方
シ
—

使い方
りょう師《し》・医師《いし》・教師《きょうし》

漢字の意味。

「師」には、いろいろな意味があるよ。
①先生。教えみちびく人。　例 教師・講《こう》師・牧師
②特別な技術《ぎじゅつ》をもつ人。　例 技師・漁師・美容師

漢字を使おう5

145ページ

圧　つち

（はらう・下を長く）

5画

圧圧圧圧圧

読み方
アツ
—

使い方
圧力《あつりょく》・水圧《すいあつ》・高気圧《こうきあつ》

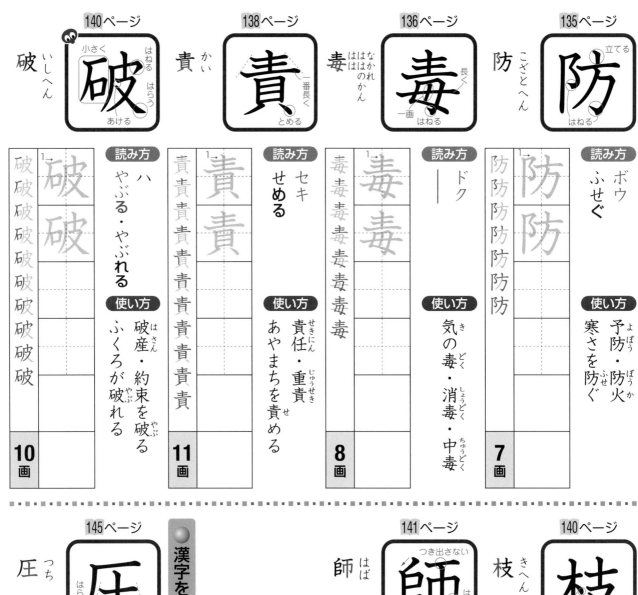

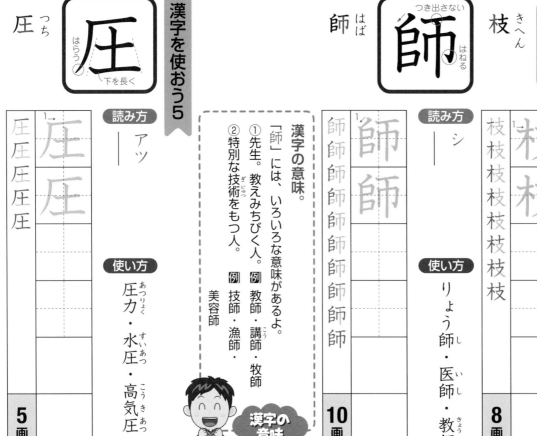

営

145ページ

営 つかんむり

はねる

下を大きく

読み方

エイ

いとなむ

使い方

国営《こくえい》・営業《えいぎょう》・経営《けいえい》

店を営《いとな》む

12画

価

145ページ

価 にんべん

×「西」

読み方

カ

（あたい）

使い方

価値《かち》・定価《ていか》・物価《ぶっか》

8画

制

145ページ

制 りっとう

つき出す

とめる

はねる

読み方

セイ

―

使い方

制度《せいど》・制限《せいげん》・制止《せいし》

8画

肥

145ページ

肥 にくづき

はねる

はねる

読み方

ヒ

こえる・こえ

こやす・こやし

使い方

肥料《ひりょう》・よく肥《こ》えた牛

肥《こえ》をやる・畑を肥《こ》やす

8画

旧

145ページ

旧 ひ

とめる

読み方

キュウ

―

使い方

旧式《きゅうしき》・新旧《しんきゅう》・復旧《ふっきゅう》

5画

漢字の意味。

「旧」は、「ふるい」「もとの」という意味を持つ漢字だよ。にた意味の漢字に「古」「故」があるよ。

例 新旧・旧友・旧交・旧正月

どうやって文をつなげればいいの？

逆

147ページ

逆 しんにょう しんにゅう

はらう

一画

読み方

ギャク

さか・さからう

使い方

逆接《ぎゃくせつ》・逆転《ぎゃくてん》・反逆《はんぎゃく》

逆立《さかだ》ち・流れに逆《さか》らう

9画

読みかえの漢字

128ページ	145
西《セイ》	米《マイ》
西洋《せいよう》	新米《しんまい》

特別な読み方の漢字

133
眼鏡
めがね

ものしりメモ

「破れる」は、紙や布《ぬの》などがさけること。「敗れる」は、試合などの勝負に負けることだね。「やぶれる」の漢字を使い分けられるようになろう。

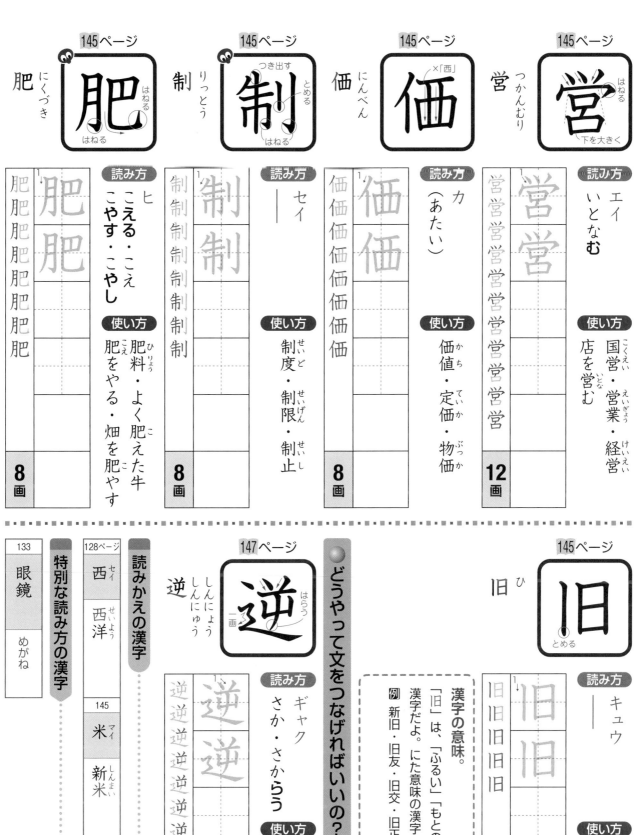

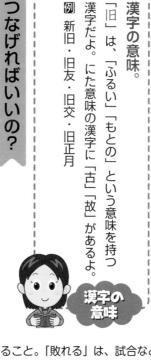

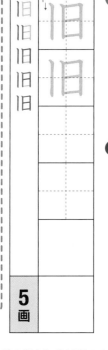

物語のおもしろさを解説しよう

練習のワーク

注文の多い料理店／漢字を使おう5 どうやって文をつなげればいいの？

教科書 124～147ページ

答え 4ページ

勉強した日　月　日

1 新しい漢字を読みましょう。

① 124ページ 損害（　　）をあたえる。

② 西洋（　　）風の建物。

③ りっぱな 造（　　）りの家。

④ 二人が 寄（　　）りそう。

⑤ 眼鏡（　　）をかける。

⑥ 非常（　　）に寒い。

⑦ 手あれを 予防（　　）する。

⑧ 気の 毒（　　）に感じる。

⑨ 自分の 責任（　　）になる。

⑩ 戸をつき 破（　　）る。

⑪ 木の 枝（　　）にぶら下がる。

⑫ りょう 師（　　）がやってくる。

⑬ 145ページ なべに 圧力（　　）をかける。

⑭ 国営（　　）の公園。

⑮ 価値《ち》（　　）がある。

⑯ 制度（　　）が変わる。

⑰ 新米（　　）を食べる。

⑱ 肥料（　　）をあたえる。

⑲ 旧式（　　）の車。

⑳ 146ページ 逆接（　　）の関係。

✿㉑ ここからはってん 造船所（　　）で働く。

✿の漢字は新出漢字の別の読み方です。

✽㉒ 母校に〔寄付する〕。

✽㉓ 病気を〔防ぐ〕。

✽㉔ 失敗を〔責める〕。

✽㉕ 会社が〔破産する〕。

✽㉖ 商店を〔営む〕。

✽㉗ 風に〔逆らう〕。

2 新しい漢字を書きましょう。〔　〕は、送りがなも書きましょう。

① 124ページ 大きな□□《そんがい》をこうむる。

② □□《せいよう》の歴史を学ぶ。

③ りっぱな〔　〕《つくり》の門。

④ 兄弟が〔　〕《より》そう。

⑤ □□《めがね》を買う。

⑥ □□《ひじょう》時にそなえる。

⑦ かぜを□□《よぼう》する。

⑧ 気の□《どく》な話。

⑨ □□《せきにん》をとる。

⑩ 紙を〔　〕《やぶる》。

⑪ 木の□《えだ》をたばねる。

⑫ りょう□《し》がかりをする。

⑬ 145ページ □□《あつりょく》が増す。

⑭ □□《こくえい》の事業。

⑮ 絵の□《か》値《ち》が上がる。

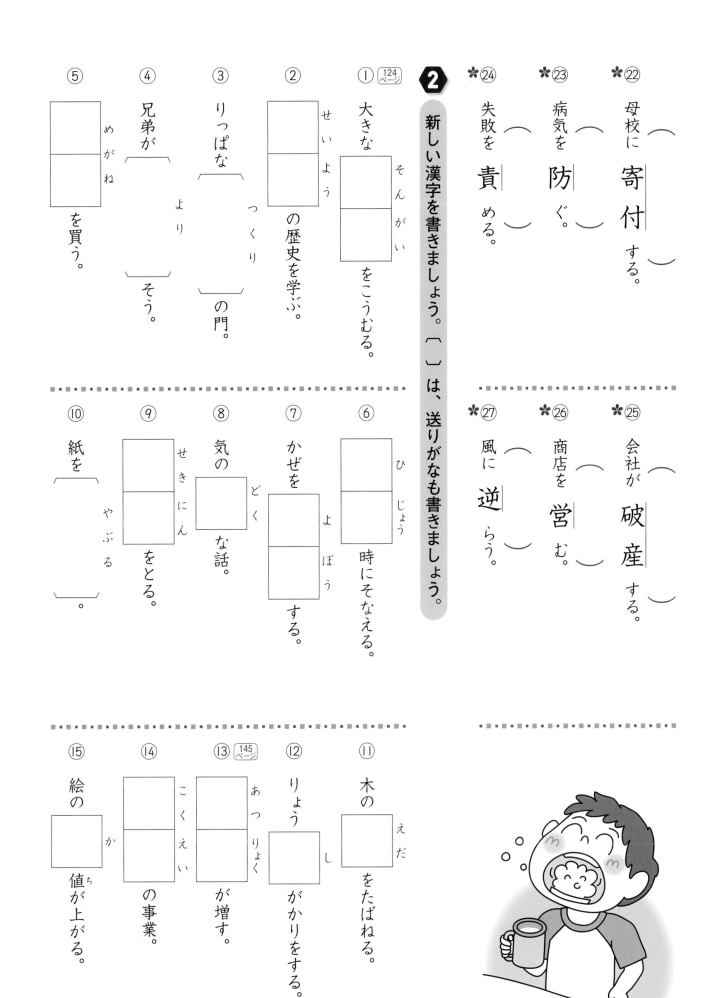

⑯ 古い□□《せいど》を改める。

⑰ □□《しんまい》の季節。

⑱ 畑に□□《ひりょう》をまく。

⑲ □□《きゅうしき》の武器《ぶき》。

⑳ 146ページ 前後の文を□□《ぎゃくせつ》でつなぐ。

ここからはってん

✿㉑ □□□《ぞうせんじょ》ができる。

✿㉒ □□《きふ》をつのる。

✿㉓ 雨を□《ふせ》ぐ。

✿㉔ 自分を□《せ》める。

✿㉕ □□《はさん》の手続き。

✿㉖ 事業を□《いとな》む。

✿㉗ 運命に□《さか》らう。

3 漢字で書きましょう。（〰は、送りがなも書きましょう。太字は、この回で習った漢字を使った言葉です。）

① **せいようづくり**のやかたをたてる。

② きの**どく**なひとに**より**そう。

③ **ひじょう**にじょうぶな**めがね**。

④ さいがい**よぼう**の**せきにん**しゃになる。

⑤ にもつのつつみがみを**やぶる**。

⑥ りょう**し**がやまできの**えだ**をおる。

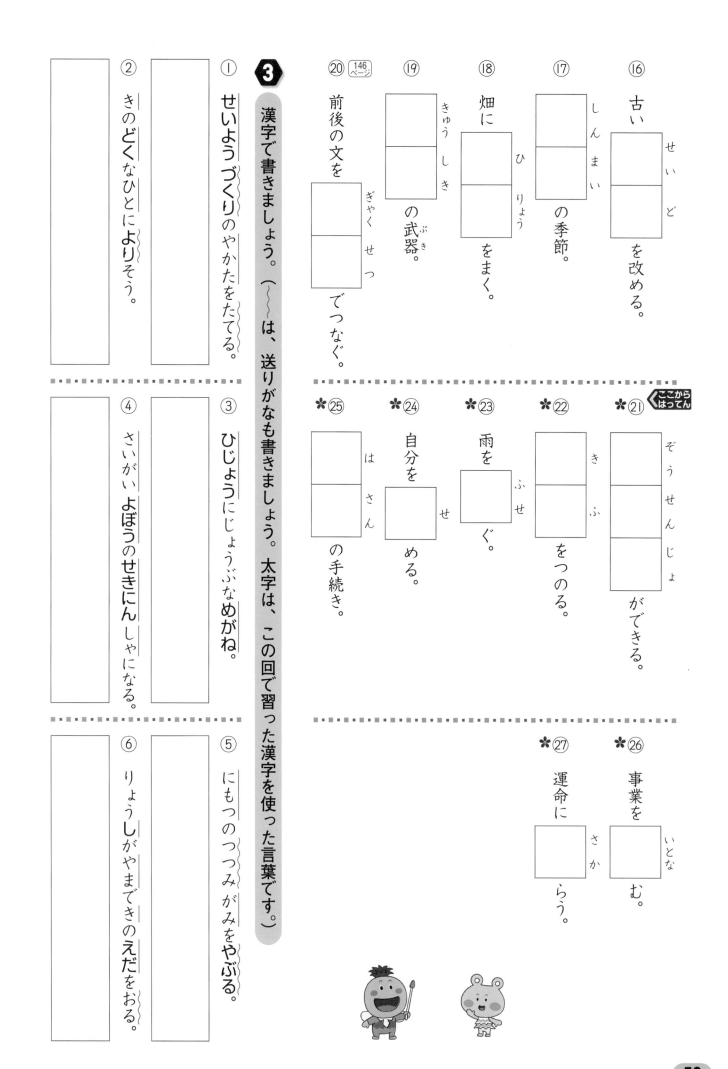

⑦ あつりょくなべでしんまいをたく。

⑧ こくえいこうえんのかちをしる。

⑨ きゅうしきののうぐでひりょうをまく。

4 漢字を使おう

四年生で習った漢字を書きましょう。〔　〕は、送りがなも書きましょう。

① □□《しが》県の湖。

② 日本□□《さいだい》の面積。

③ 周辺を□□《さんぽ》する。

④ □□□《きょうとふ》のお寺。

⑤ 黄金の□□《たてもの》。

⑥ 天文台の□□□《ぼうえんきょう》。

⑦ □□《ひょうご》県の名所。

⑧ 港の□□《ふうけい》。

⑨ □□□《はくぶつかん》の見学。

⑩ □□《なら》県の大仏。

⑪ □□□《おおさかふ》の演《えん》芸。

⑫ お〔　　〕《わらい》がさかんだ。

⑬ 会場が□□《まんいん》になる。

⑭ 日本一の□□□《せいさんりょう》。

⑮ □《うめ》ぼしを作る。

⑯ 近畿《き》地方を□□《あんない》する。

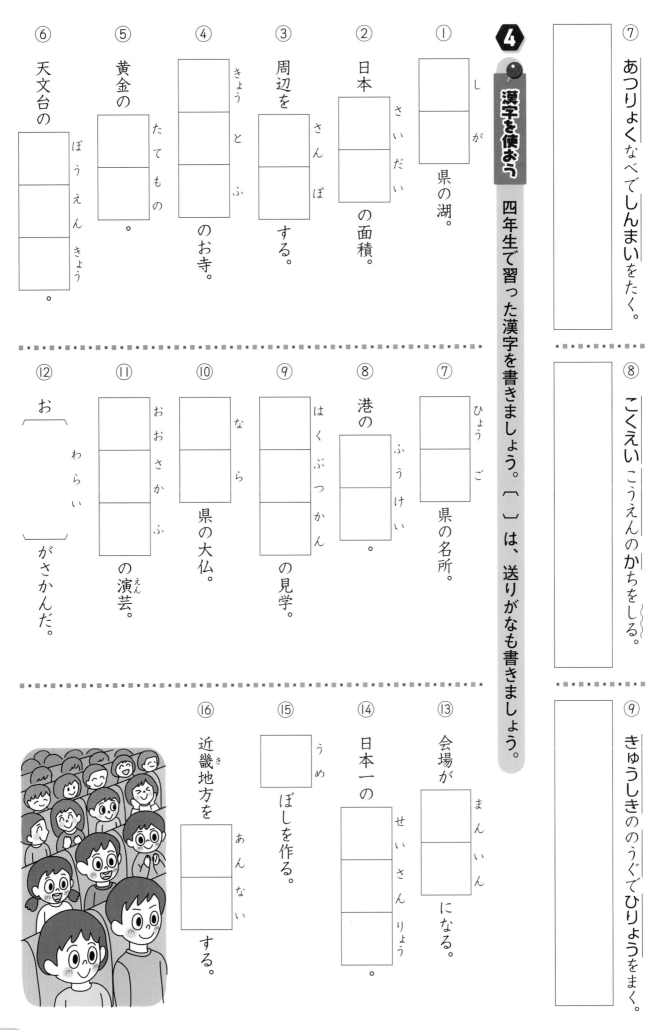

基本のワーク

和の文化を受けつぐ——和菓子《がし》をさぐる
和の文化を発信しよう

教科書 148〜168ページ

勉強した日　　月　　日

和の文化を受けつぐ——和菓子をさぐる

◆「読み方」の赤い字は教科書で使われている読みです。（●●）はまちがえやすい漢字です。

150ページ

統　いとへん

統（立てる・はねる・はらう・とめる）

読み方　トウ　（すべる）

使い方　伝統的《でんとうてき》・統一《とういつ》・統計《とうけい》

12画

151ページ

粉　こめへん

粉（あける・はねる・とめる）

読み方　フン　こ・こな

使い方　粉末《ふんまつ》・花粉《かふん》・受粉《じゅふん》　小麦粉《こむぎこ》・米の粉《こな》

10画

152ページ

輸　くるまへん

輸（はらう・とめる・はねる）

読み方　ユ　——

使い方　輸入《ゆにゅう》・輸出《ゆしゅつ》・輸送《ゆそう》

16画

152ページ

技　てへん

技（あける・はらう・はねる）

読み方　ギ　（わざ）

使い方　技術《ぎじゅつ》・競技《きょうぎ》・特技《とくぎ》

7画

152ページ

術　ぎょうがまえ　ゆきがまえ

術（あける・わすれない・はねる・とめる）

読み方　ジュツ　——

使い方　技術《ぎじゅつ》・手術《しゅじゅつ》・美術《びじゅつ》

11画

部首に注意。
「術」の部首は、「行」（ぎょうがまえ・ゆきがまえ）だよ。「彳」（ぎょうにんべん）とまちがえないようにね。「行」のつく漢字には、ほかにも、「街」「衛」などがあるよ。

154ページ

支

支　し

読み方

シ
ささ**える**

使い方

支給《しきゅう》・支出《ししゅつ》・支持《しじ》
柱を支《ささ》える

4画

漢字のでき方。

支

竹の枝を手で持って、ささえている様子からできた漢字だよ。
「ささえる・分かれる」という意味を表すよ。

155ページ

型

型　つち

読み方

ケイ
かた

使い方

典型的《てんけいてき》・定型詩《ていけいし》
木型《きがた》・型《かた》が古い

9画

156ページ

再

再　どうがまえ　けいがまえ

読み方

サイ・サ
ふたた**び**

使い方

再発見《さいはっけん》・再会《さいかい》・再来週《さらいしゅう》
再《ふた》びたずねる

6画

156ページ

限

限　こざとへん

読み方

ゲン
かぎ**る**

使い方

限界《げんかい》・限度《げんど》・期限《きげん》
人数を限《かぎ》る

9画

「阝」のつく漢字。

「阝」(こざとへん)は、土地や地形に関係のある漢字につくよ。
「阝」のつく漢字…階　陸　際　防　など。

和の文化を発信しよう

166ページ

効

効　ちから

読み方

コウ
き**く**

使い方

効果的《こうかてき》・効用《こうよう》・効力《こうりょく》
薬が効《き》く

8画

同じ読み方の漢字。

効《き》く…ききめがある。　例 薬が効く。
聞《き》く…音や声を耳にする。　例 物音を聞く。

ものしりメモ

「再」は「もう一度」という意味で、「再会・再生」などの使い方があるよ。「再来週」は来週の次の週、「再来年」は来年の次の年だよ。

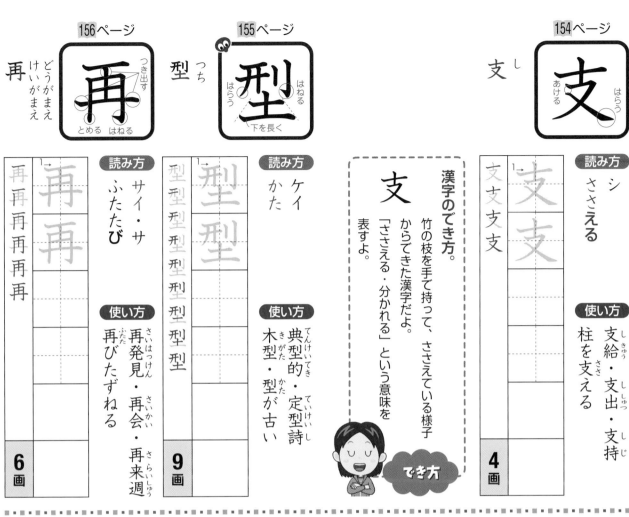

練習のワーク

和の文化を受けつぐ——和菓子《がし》をさぐる
和の文化を発信しよう

教科書 148～168ページ
答え 4ページ

勉強した日　月　日

1 新しい漢字を読みましょう。

① 148ページ　伝統的（　　）な菓子《かし》。
② 穀《こく》物の粉（　　）。
③ 食品を輸入（　　）する。
④ 日本の技術（　　）。
⑤ 文化を支（　　）える。
⑥ 形をとるのに木型（　　）を使う。
⑦ みりょくを再発見（　　）する。
⑧ 十二さい以下に限（　　）る。
⑨ 164ページ　効果的（　　）に使用する。
✿⑩ ここから はってん　粉末（　　）の薬を飲む。
✿⑪ 小麦粉（　　）をまぶす。
✿⑫ 支出（　　）をおさえる。
✿⑬ 典型的（　　）な朝食。
✿⑭ 再来週（　　）の予定。
✿⑮ 再（　　）びくり返す。
✿⑯ 期限（　　）を守る。
✿⑰ 薬が効（　　）く。

2 新しい漢字を書きましょう。〔　〕は、送りがなも書きましょう。

✿の漢字は新出漢字の別の読み方です。

① 148ページ □□□《でんとうてき》なおどり。

② うすで□《こな》をひく。

③ □□《ゆにゅう》品を買う。

④ 高い□□《ぎじゅつ》を持つ。

⑤ 柱で屋根を（　　　）《ささえる》。

⑥ 梅の形に□□《きがた》をほる。

⑦ よさを□□□《さいはっけん》する。

⑧ 時間を（　　　）《かぎる》。

⑨ 164ページ □□□《こうかてき》な方法。

ここからはってん

✿⑩ 茶葉を□□《ふんまつ》にする。

✿⑪ パン□《こ》の衣《ころも》。

✿⑫ 今月は□□《ししゅつ》が多い。

✿⑬ □《ふたた》びちょう戦する。

✿⑭ 本を返す□□《きげん》。

✿⑮ 虫さされに□《き》く薬。

3 漢字で書きましょう。（〰は、送りがなも書きましょう。太字は、この回で習った漢字を使った言葉です。）

① **でんとうてき**な~~まつり~~に**さんか**する。

□

② ミルクの**こな**を**ゆにゅう**する。

□

③ **きがた**を~~つくる~~しょくにんの**ぎじゅつ**。

□

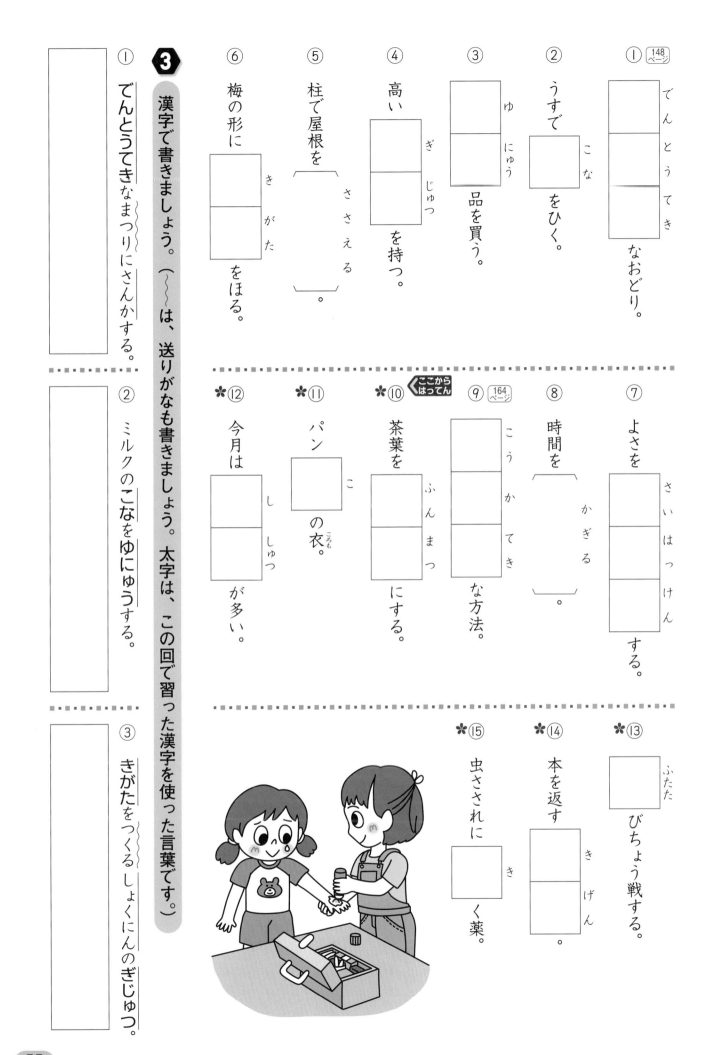

基本のワーク

熟語《じゅく》の構成と意味／提《てい》案します、一週間チャレンジ

和語・漢語・外来語

教科書 170〜177ページ

勉強した日　月　日

◆「読み方」の赤い字は教科書で使われている読みです。（●●）はまちがえやすい漢字です。

熟語の構成と意味

保（170ページ）　保 にんべん　（はらう・とめる）

読み方：ホ　たもつ

使い方：保護《ほご》・保育《ほいく》・保温《ほおん》　清潔を保《たも》つ

9画

護（170ページ）　護 ごんべん　（あける・はらう・あける）

読み方：ゴ　―

使い方：保護《ほご》・護衛《ごえい》・愛護《あいご》

20画

妻（170ページ）　妻 おんな　（少し出す・長く・とめる）

読み方：サイ　つま

使い方：夫妻《ふさい》・妻子《さいし》　夫と妻《つま》

8画

往（170ページ）　往 ぎょうにんべん　（一番長く）

読み方：オウ　―

使い方：往復《おうふく》・往年《おうねん》・往来《おうらい》

8画

復（170ページ）　復 ぎょうにんべん　（はらう）

読み方：フク　―

使い方：往復《おうふく》・復帰《ふっき》・復習《ふくしゅう》

12画

同じ読み方で形のにている漢字。

複（フク）　重ねる。二つ以上。　例 複数

復（フク）　もとにもどる。くり返す。　例 復活

注意！

170ページ

耕

耕 すきへん

三本
とめる

読み方

コウ
たがやす

使い方

耕具《こうぐ》・耕作《こうさく》・農耕《のうこう》
土地を耕《たがや》す

10画

170ページ

講

講 ごんべん

あける
つき出す
はねる

読み方

コウ
—

使い方

受講《じゅこう》・講演《こうえん》・講習会《こうしゅうかい》

17画

170ページ

罪

罪 あみがしら よこめ

はらう
とめる

読み方

ザイ
つみ

使い方

無罪《むざい》・謝罪《しゃざい》・犯罪《はんざい》
罪《つみ》をつぐなう

13画

漢字のでき方。

罪

罒…「法りつのあみ」を表す。
非…「悪いこと」を表す。

悪いことをした人を法のあみにかけることから、「つみ」を表すよ。

でき方

171ページ

燃

燃 ひへん

×タ
わすれない
とめる
点の向き

読み方

ネン
もえる・もやす
もす

使い方

不燃《ふねん》・落ち葉が燃《も》える
紙を燃《も》やす

16画

漢字のでき方。

燃

然…「もえる」ことを表す。
火…「火」を表す。

「火が強くもえる」ことを表すよ。

でき方

提案します、一週間チャレンジ

172ページ

提

提 てへん

はねる
はらう

読み方

テイ
（さげる）

使い方

提案《ていあん》・提示《ていじ》・提出《ていしゅつ》

12画

漢字のでき方。

提

是…「まっすぐ」という意味を表す。
扌…「手」を表す。

「手でまっすぐにさげる」「差し出す」という意味を表すよ。

でき方

ものしりメモ 「講」と同じ読み方で形のにている漢字に「構」があるよ。「講」は「言」(ことば)＋「冓」(組み合わせる)で「話す」こと、「構」は「木」＋「冓」で「組み立てる」ことを表すよ。

賞

173ページ

賞 かい

賞（はねる・とめる・はらう）

読み方

ショウ

―

使い方

賞《しょう》をおくる・賞品《しょうひん》

受賞《じゅしょう》

15画

漢字の意味。

「賞」には、「ほめる」「よさを味わう」という意味があるよ。

例 賞賛…ほめたたえること。

例 賞味…食べ物をおいしく味わうこと。

和語・漢語・外来語

桜

176ページ

桜 きへん

桜（少し出す・とめる・とめる）

読み方

（オウ）

さくら

使い方

桜《さくら》の花・桜前線《さくらぜんせん》

桜《さくら》ふぶき・葉桜《はざくら》

10画

銅

176ページ

銅 かねへん

銅（とめる・はねる・とめる）

読み方

ドウ

―

使い方

銅《どう》のメダル・銅貨《どうか》

銅像《どうぞう》

14画

貿

176ページ

貿 かい

貿（つき出さない・はねる・とめる）

読み方

ボウ

―

使い方

貿易《ぼうえき》・貿易風《ぼうえきふう》

12画

易

176ページ

易 ひ

易（はねる）

読み方

エキ・イ

やさしい

使い方

貿易《ぼうえき》・安易《あんい》・容易《ようい》

易《やさ》しい本

8画

規

177ページ

規 みる

規（はねる・とめる）

読み方

キ

―

使い方

規則《きそく》・規約《きやく》・定規《じょうぎ》

11画

則

177ページ

則 りっとう

則（とめる・はねる）

読み方

ソク

―

使い方

規則《きそく》・原則《げんそく》・校則《こうそく》

9画

ものしりメモ

「易しい」は、「分かりやすい・たやすい」という意味だよ。「思いやりがある」という意味での「やさしい」ではないので、使い方に気をつけよう。

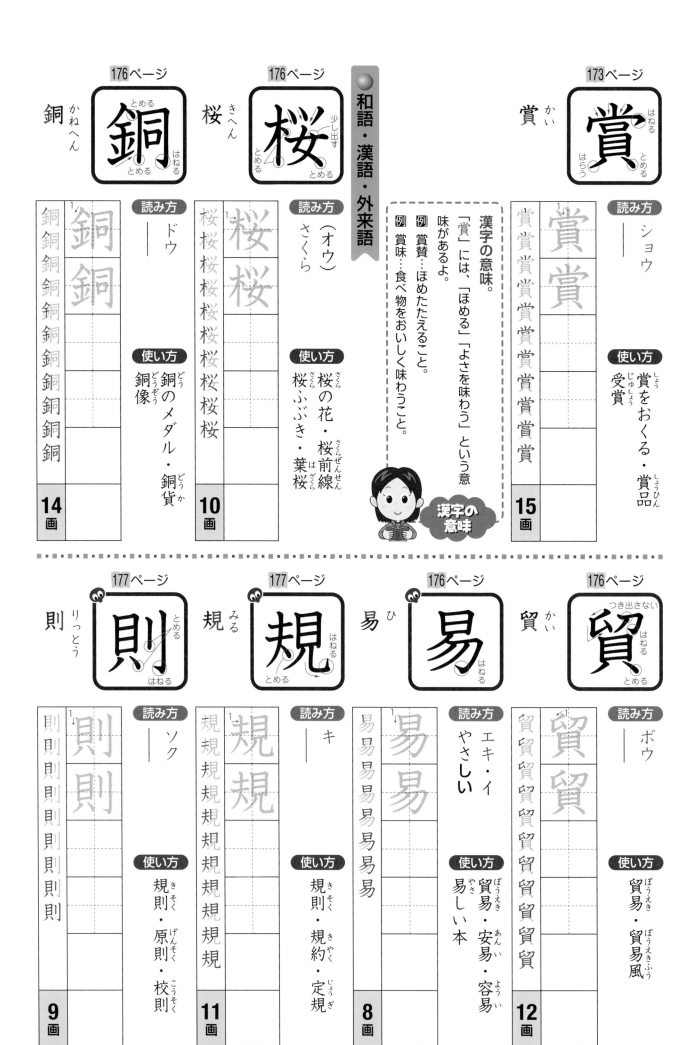

練習のワーク

熟《じゅく》語の構成と意味／提案します、一週間チャレンジ
和語・漢語・外来語

教科書 170〜177ページ　答え 5ページ

勉強した日　月　日

1 新しい漢字を読みましょう。

① 170ページ 動物を 保護（　　）する。

② 仲のよい 夫妻（　　）。

③ 駅まで 往復（　　）する。

④ 田畑で 耕具（　　）を使う。

⑤ 英会話教室を 受講（　　）する。

⑥ 裁《さい》判で 無罪（　　）になる。

⑦ 不燃（　　）ごみを出す。

⑧ 172ページ イベントを 提案（　　）する。

⑨ すぐれた人に 賞（　　）をおくる。

⑩ 176ページ 桜（　　）の木を植える。

⑪ 銅（　　）でできたなべ。

⑫ 外国と 貿易（　　）を始める。

⑬ 規則（　　）を定める。

ここから はってん

✿⑭ 温度を 保（　　）つ。

✿⑮ 妻（　　）と出かける。

✿⑯ 畑を 耕（　　）す。

✿⑰ 罪（　　）をみとめる。

✿⑱ 火が 燃（　　）える。

✿⑲ 安易（　　）な考え。

✿⑳ 易（　　）しい問題。

✿の漢字は新出漢字の別の読み方です。

2 新しい漢字を書きましょう。

① 170ページ 森林の□□《ほご》。

② 社長□□《ふさい》にあいさつする。

③ □□《おうふく》の分のきっぷを買う。

④ くわなどの□□《こうぐ》。

⑤ 夏期コースを□□《じゅこう》する。

⑥ □□《むざい》を勝ち取る。

⑦ □□《ふねん》性の物質。

⑧ 172ページ 委員会に□□《ていあん》する。

⑨ 作文で□《しょう》を取る。

⑩ 176ページ □《さくら》の葉が落ちる。

⑪ 金・銀・□《どう》の三種類。

⑫ 多くの国と□□《ぼうえき》する。

⑬ □□《きそく》にしたがう。

ここからはってん

✿⑭ □《つま》と子がいる。

✿⑮ 地面を□《たがや》す。

✿⑯ □《つみ》の意識。

✿⑰ 赤々と□《も》える。

✿⑱ □□《あんい》に選ぶ。

3 漢字で書きましょう。（〰は、送りがなも書きましょう。太字は、この回で習った漢字を使った言葉です。）

① **さくら**のきのきりくちを**ほご**する。

② **ふさい**にりょこうを**ていあん**する。

③ **しょう**として**どう**のトロフィーをもらう。

人物像について考えたことを伝え合おう

基本のワーク

大造《だいぞう》じいさんとがん
漢字を使おう6

教科書 178〜197ページ

勉強した日　月　日

◆「読み方」の赤い字は教科書で使われている読みです。🐾はまちがえやすい漢字です。

大造じいさんとがん

率　180ページ

率　げん

読み方　(ソツ)・リツ　ひきいる

使い方　確率《かくりつ》・倍率《ばいりつ》　チームを率《ひき》いる

11画

漢字の形。
「率」は、「[illegible]」の部分を「[illegible]」としないように気をつけてね。
また、「卒」と形がにているから、まちがえないようにしよう。

領　180ページ

領　おおがい

読み方　リョウ　—

使い方　頭領《とうりょう》・領土《りょうど》・大統領《だいとうりょう》

14画

張　183ページ

張　ゆみへん

読み方　チョウ　はる

使い方　張力《ちょうりょく》・主張《しゅちょう》・出張《しゅっちょう》　引《ひ》っ張《ぱ》る・なわを張《は》る

11画

導　183ページ

導　すん

読み方　ドウ　みちびく

使い方　指導《しどう》・導入《どうにゅう》・先導《せんどう》　席に導《みちび》く・生徒を導《みちび》く

15画

漢字のでき方。
導　道…「みち」を表す。寸…「手」を表す。
手を引いて道を案内することから、「みちびく」という意味を表すよ。

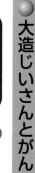

186ページ

略 たへん

略
小さく はらう

読み方

リャク

—

使い方

計略《けいりゃく》・略図《りゃくず》・省略《しょうりゃく》

11画

漢字の意味。

「略」には、いろいろな意味があるよ。

①考えをめぐらす。 例 計略・策略《さく》

②はぶく。 例 略語・省略

③うばいとる。おかす。 例 略だつ・しん略

187ページ

飼 しょくへん

飼
とめる はねる

読み方

シ

かう

使い方

飼育《しいく》・飼料《しりょう》

飼《か》いならす・牛を飼《か》う

13画

漢字のでき方。

飼 司…「つかさどる」ことを表す。
食…「食べ物」を表す。

「えさをやって動物をかう」という意味を表すよ。

190ページ

弁 にじゅうあし

弁
とめる 長く はらう とめる

読み方

ベン

—

使い方

花弁《かべん》・弁解《べんかい》・弁当《べんとう》

5画

漢字の意味。

「弁」には、いろいろな意味があるよ。

①のべたてる。 例 弁解

②見わける。 例 弁別

③花びら。 例 花弁

191ページ

堂 つち

堂
はねる 下を長く

読み方

ドウ

—

使い方

堂々《どうどう》と戦う

食堂《しょくどう》・本堂《ほんどう》

11画

漢字の形。

「堂」の上の部分は、「⺌」と書くよ。

「⺍」と書かないようにしよう。

筆順は、「丨 ⺌ ⺌」だよ。

197ページ

婦 おんなへん

つき出さない　少し出す　はねる　とめる　はねる

読み方　フ　—

使い方　農婦《のうふ》・主婦《しゅふ》・婦人服《ふじんふく》

11画

注意！　**同じ読み方の言葉。**
婦人《ふじん》…「大人の女性」という意味。　例 婦人会
夫人《ふじん》…「他人の妻」という意味。　例 会長夫人

197ページ

綿 いとへん

はらう　とめる　はねる

読み方　メン　わた

使い方　綿糸《めんし》・綿織物《めんおりもの》　綿《わた》のふとん・綿毛《わたげ》

14画

注意！　**漢字の形。**
綿　「巾」の部分を「水」や「帀」としないようにしよう。

197ページ

留 た

つき出さない　はねる

読み方　リュウ・ル　**とめる・とまる**

使い方　留任《りゅうにん》・留学《りゅうがく》・留守《るす》　目に留《と》める

10画

注意！　**同じ読み方の漢字。**
留《と》める…ある場所にとどめる。のこす。　例 かみの毛をピンで留める。
止《と》める…動きをやめさせる。　例 車のエンジンを止める。

197ページ

犯 けものへん

つき出さない　はねる　はねる

読み方　ハン　（おか**す**）

使い方　防犯《ぼうはん》・犯罪《はんざい》・犯人《はんにん》

5画

読みかえの漢字

197ページ	
糸《シ》	綿糸《めんし》
197	
一《イッ》	統一《とういつ》

ものしりメモ　「犯」の部首は、「犭」（けものへん）だよ。「けもの」や「あらあらしい」という意味を持つ漢字に付くことが多いよ。「扌」（てへん）と形がにているから、注意してね。

練習のワーク

大造《だいぞう》じいさんとがん　漢字を使おう6

教科書 178〜197ページ　答え 5ページ

勉強した日　月　日

1 新しい漢字を読みましょう。

① 178ページ 選手を（　　）率いる。

② （　　）頭領（　　）になる。

③ いとをひっ（　　）張る。

④ スポーツの（　　）指導（　　）をする。

⑤ （　　）計略（　　）にはまる。

⑥ がんを（　　）飼いならす。

⑦ （　　）花弁（　　）が散る。

⑧ （　　）堂々（　　）とした態度。

⑨ 197ページ （　　）農婦（　　）をえがく。

⑩ （　　）綿（　　）をつめたふとん。

⑪ （　　）綿糸（　　）で織られた布《ぬの》。

⑫ 天下（　　）統一（　　）をはかる。

⑬ コーチを（　　）留任（　　）する。

⑭ （　　）防犯（　　）カメラを設《せっ》置する。

ここからはってん

✿⑮ （　　）倍率（　　）の高いレンズ。

✿⑯ 自分の意見を（　　）主張（　　）する。

✿⑰ 正しい方向へ（　　）導く。

✿⑱ ぶたを（　　）飼育（　　）する。

✿⑲ 家を（　　）留守（　　）にする。

✿⑳ ボタンを（　　）留める。

✿の漢字は新出漢字の別の読み方です。

2 新しい漢字を書きましょう。〔　〕は、送りがなも書きましょう。

① 178ページ チームを〔　　　〕《ひきいる》。

② □□《とうりょう》にしたがう。

③ 両側からひっ〔　　　〕《ぱる》。

④ 下級生を□□《しどう》する。

⑤ てきの□□《けいりゃく》を見破る。

⑥ 室内で犬を〔　　　〕《かう》。

⑦ 桜の□□《かべん》がまう。

⑧ □□《どうどう》とした行進。

⑨ 197ページ 母は□□《のうふ》だった。

⑩ □《わた》のふとんを買う。

⑪ □□《めんし》を輸入する。

⑫ 長さを□□《とういつ》する。

⑬ 大臣の□□《りゅうにん》が決まる。

⑭ □□《ぼうはん》に努める。

✿⑮ ここからはってん 望遠鏡の□□《ばいりつ》をあげる。

3 漢字で書きましょう。（～～は、送りがなも書きましょう。太字は、この回で習った漢字を使った言葉です。）

① **とうりょう**がなかまを**ひきいる**。

② みどりいろのほそいひもをひっ**ぱる**。

③ コーチの**しどう**でじょうたつする。

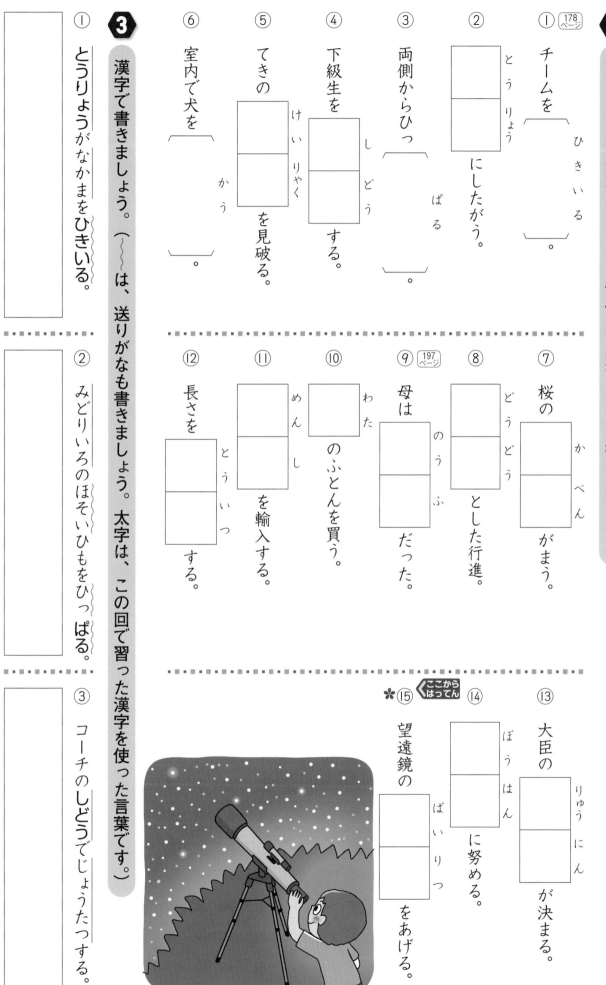

④ つよいチームとどうどうとたたかう。

□

⑤ のうふがおっとはたけをたがやす。

□

⑥ ぼうはんのためのくんれんをする。

□

4 漢字を使おう

四年生で習った漢字をかきましょう。〔　〕は、送りがなもかきましょう。

① □□《べんり》な機械。

② 三さつ□□《いない》。

③ 〔　〕《すき》なジャンル。

④ 本を〔　〕《かりる》。

⑤ □□《ししょ》の仕事。

⑥ かん動して〔　〕《なく》。

⑦ 主人公に□□《きょうかん》する。

⑧ 読しょに□□《ねっちゅう》する。

⑨ 物語が□□《かんけつ》する。

⑩ □□《かだい》を見つける。

⑪ 理想を□□《ついきゅう》する。

⑫ □□《ゆうき》がわく。

⑬ □□《じしん》をつける。

⑭ □□《ふくだい》をそえる。

⑮ 本にタイトルが〔　〕《つく》。

⑯ 国語□□《じてん》で調べる。

⑰ □□《ようれい》を読む。

⑱ 紙に□□《いんさつ》する。

基本のワーク

漢字を使おう7

教科書 208ページ

勉強した日　月　日

◆「読み方」の赤い字は教科書で使われている読みです。はまちがえやすい漢字です。

漢字を使おう7

208ページ

液　さんずい

読み方：エキ　—

使い方：液体《えきたい》・血液《けつえき》・樹液《じゅえき》

11画

208ページ

程　のぎへん

読み方：テイ（ほど）

使い方：道程《どうてい》・程度《ていど》・日程《にってい》

12画

漢字のでき方。

程　呈…「まっすぐつき出る」ことを表す。
禾…「いね」を表す。
いねのつき出てのびる具合を示すことから、「ほどあい」という意味を表すよ。

208ページ

武　とめる

読み方：ブ・ム　—

使い方：武士道《ぶしどう》・武器《ぶき》
武者《むしゃ》ぶるい

8画

漢字の意味。

「武」には、「強い・たたかい・兵器」という意味があるよ。

読みかえの漢字

208ページ

八《や》

八重桜《やえざくら》

特別な読み方の言葉

208　博士　はかせ

208　河原　かわら

練習のワーク

漢字を使おう7

教科書 208ページ　答え 5ページ

勉強した日　月　日

1 新しい漢字を読みましょう。

① 208ページ 植物（博士）とよばれる。

② （八重桜）がさく。

③ とうめいな（液体）。

④ （河原）を歩く。

⑤ 目的地までの（道程）。

⑥ （武士道）をまなぶ。

✿⑦ ここからはってん （武者）ぶるいする。

2 新しい漢字を書きましょう。

① 208ページ □□《はかせ》と助手。

② 庭の□□□《やえざくら》。

③ □□《えきたい》のせっけん。

④ □□《かわら》で遊ぶ。

⑤ 長い□□《どうてい》を進む。

⑥ □□□《ぶしどう》を知る。

✿⑦ ここからはってん □□《むしゃ》人形をかざる。

✿の漢字は新出漢字の別の読み方です。

3 漢字で書きましょう。（〰は、送りがなも書きましょう。太字は、この回で習った漢字を使った言葉です。）

① **はかせ**が**えきたい**にくすりを**まぜる**。

② **かわら**までの**どうてい**をあんないする。

③ **ぶしどう**のせいしんを**まなぶ**。

4 漢字を使おう

四年生で習った漢字を書きましょう。〔　〕は、送りがなも書きましょう。

① □□《でんせつ》が生まれる。

② □□《おかやま》県のもも。

③ 〔　〕《きよらか》な気持ち。

④ □□□□《にほんかいがわ》。

⑤ 水温の□□《へんか》。

⑥ □□《せんそう》の記録。

⑦ 〔　〕《おり》づるをおる。

⑧ 平和への〔　〕《ねがい》。

⑨ □《しお》の産地。

⑩ □□《だいじん》の出身地。

⑪ □□《かがわ》県のうどん。

⑫ □□《とくしま》県のおどり。

⑬ □□《しょうめい》をともす。

⑭ □□《えひめ》県のみかん。

⑮ 観光によい□□《きせつ》。

⑯ おだやかな□□《きこう》。

⑰ □□□□《たいへいようがわ》。

冬休み まとめのテスト❶

教科書 112〜208ページ
答え 5ページ

時間 20分

得点 /100点
勉強した日 月 日

1 ――線の漢字の読み方を書きましょう。 一つ2（28点）

① 予算の総額（　　）が変わる修正案（　　）を出す。

② 部品を適切（　　）な順序（　　）で組み立てる。

③ 先祖（　　）がねむる墓地（　　）をたずねる。

④ 損害（　　）をあたえた責任（　　）をとる。

⑤ 西洋（　　）風の造（　　）りをした住宅《たく》。

⑥ この金属は非常（　　）に価値《ち》（　　）が高い。

⑦ 旧式（　　）な制度（　　）を改める。

2 □は漢字を、〔　〕は漢字と送りがなを書きましょう。 一つ2（28点）

① 強い□□《いんしょう》。

② □□《きほん》を学ぶ。

③ □□《かいけつ》した問題。

④ □□《しかく》を取る。

⑤ 本を〔　　〕《かす》。

⑥ 〔　　〕《まずしい》家。

⑦ □□《きじゅん》に合う。

⑧ 道に〔　　〕《まよう》。

⑨ 店に〔　　〕《よる》。

⑩ 気の□《どく》な人。

⑪ □《えだ》を切る。

⑫ □□《あつりょく》を加える。

⑬ □□《しんまい》をたく。

⑭ □□《ひりょう》をまく。

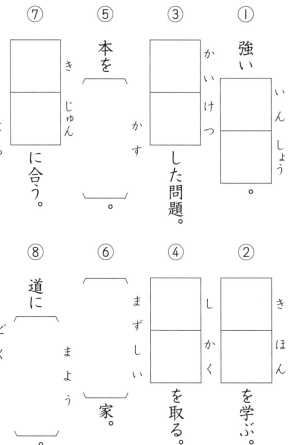

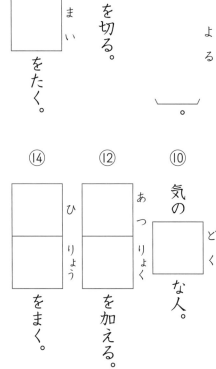

3 ——線の言葉を、漢字と送りがなで書きましょう。

一つ4(16点)

① 成功にみちびく。

② 詩の感想をのべる。

③ 川の流れにさからう。

④ 夫《ふう》婦でパン屋をいとなむ。

4 次の熟《じゅく》語の構成をア～オから選んで、( )に記号で答えましょう。

一つ2(8点)

① 提案( )

② 人造( )

③ 耕具( )

④ 森林( )

ア 主語・じゅつ語の関係になっているもの。

イ 上の漢字が下の漢字を修飾《しょく》しているもの。

ウ にた意味を表す漢字を組み合わせたもの。

エ 上の漢字が動作を、下の漢字がその対しょうを表すもの。

オ 上の漢字が下の漢字の意味を打ち消しているもの。

5 例にならって、□にあてはまる漢字を書き、四つの熟語を作りましょう。

一つ4(16点)

〈例〉

時↑
来→ 日 ←初
↑休

①

予↓
災← □ →火
↓水

②

音↓
過→ □ ←日
↓度

③

増↓
加→ □ →少
↓塩

④

技↓
医→ □ ←教
↓弟《てい》

6 次の漢字の赤字の部分は、何画目に書きますか。( )に数字で書きましょう。

一つ1(4点)

① 武( )画目

② 制( )画目

③ 罪( )画目

④ 限( )画目

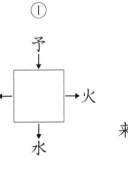

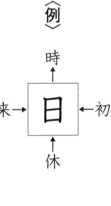

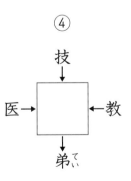

冬休み まとめのテスト❷

教科書 112〜208ページ
答え 6ページ
時間 20分
得点 /100点
勉強した日 月 日

1 ──線の漢字の読み方を書きましょう。 一つ2〔28点〕

① 職人の高い技術（　　）が工場を支（　　）える。

② 保護（　　）したねこを飼（　　）う。

③ 社長夫妻（　　）から賞（　　）をいただく。

④ 銅（　　）のなべを不燃（　　）ごみとして出す。

⑤ 貿易（　　）に関する規則（　　）を定める。

⑥ 書き方を統一（　　）するよう指導（　　）する。

⑦ 農婦（　　）が綿（　　）をつめたふくろをかつぐ。

2 □は漢字を、〔　〕は漢字と送りがなを書きましょう。 一つ2〔28点〕

① 小麦の□《こな》。

② □□《きがた》につめる。

③ □□□《さいはっけん》。

④ 時間を〔　　〕《かぎる》。

⑤ □□《こうぐ》でたがやす。

⑥ 仲間を〔　　〕《ひきいる》。

⑦ 集団の□□《とうりょう》。

⑧ つなを〔　　〕《はる》。

⑨ □□《けいりゃく》にはまる。

⑩ □□《かべん》の枚《まい》数。

⑪ 委員長の□□《りゅうにん》。

⑫ □□《ぼうはん》カメラ。

⑬ □□□《やえざくら》。

⑭ □□《えきたい》洗剤《せんざい》。

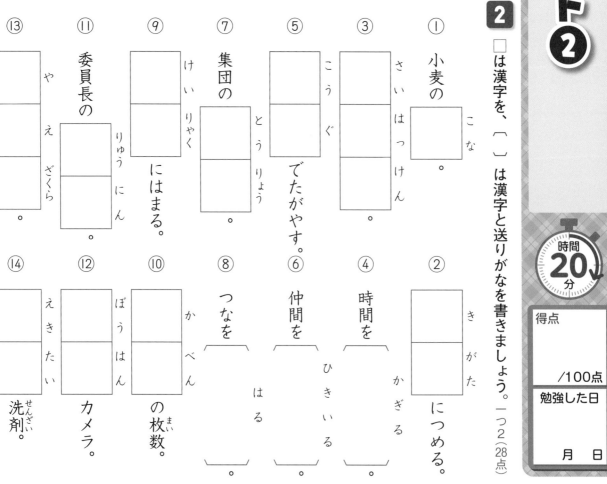

3 次の文からまちがって使われている漢字をぬき出し、正しい漢字に直しましょう。 一つ2（16点）

① 同々と戦う。 □→□

② 寺へお基参りに行く。 □→□

③ 研修会を受構する。 □→□

④ 家から駅までを往複する。 □→□

4 次の漢字の使い方で、正しいほうに○をつけましょう。 一つ2（8点）

① {ア（　）用意 イ（　）容易}な問題をとく。

② アンケートに{ア（　）回答 イ（　）解答}する。

③ {ア（　）婦人 イ（　）夫人}服売り場に行く。

④ {ア（　）高価 イ（　）効果}な時計を買う。

5 □に、「未・無・不・非」のうち、あてはまるものを書いて、打ち消しの言葉を作りましょう。 一つ2（12点）

① □売品

② □意識

③ □完成

④ □衛生

⑤ □解決

⑥ □可解

6 次の部分と組み合わせることのできる部分を□から選び、漢字を作りましょう。 一つ1（4点）

① 告 □

② 各 □

③ 川 □

④ 皮 □

頁　石　木　刂

7 次の特別な読み方をする言葉の読み方を書きましょう。 一つ2（4点）

① 河原（　　　）

② 博士（　　　）

ロボットとの未来について考えよう

基本のワーク

いにしえの人のえがく世界
「弱いロボット」だからできること

教科書 210〜226ページ

勉強した日　月　日

◆「読み方」の赤い字は教科書で使われている読みです。●はまちがえやすい漢字です。

いにしえの人のえがく世界

212ページ

似（にんべん）　似

とめる

読み方：（ジ）　にる

使い方：似合《にあ》う・顔が似《に》ている

7画

「似」を使った慣用句《かんようく》。

他人の空似《そらに》…血がつながっていないのに、顔やすがたがとても似ていること。

似ても似つかない…全く似ていない。

「弱いロボット」だからできること

216ページ

製（ころも）　製

つき出す　はねる　はらう

読み方：セイ

使い方：製品《せいひん》・製作《せいさく》・製鉄《せいてつ》

14画

216ページ

能（にく）　能

はねる　とめる　はねる

読み方：ノウ

使い方：機能《きのう》・能力《のうりょく》・才能《さいのう》

10画

「能」を使ったことわざ。

「能あるたかはつめをかくす」

本当にすぐれた才能がある人は、それをほかの人に見せびらかしたりしないという意味だよ。

217ページ

証（ごんべん）　証

あける　下を長く

読み方：ショウ

使い方：けん証《しょう》・証明《しょうめい》・保証《ほしょう》

12画

217ページ

豊

つき出す
長く

豆 まめ

13画

読み方

ホウ
ゆたか

使い方

豊作《ほうさく》・豊富《ほうふ》
豊《ゆた》かなくらし

漢字のでき方。

豊

「豆」（うつわ）にそなえ物を山もりにもった形からできた漢字だよ。「ゆたか・たくさんある」という意味を表すよ。

でき方

219ページ

囲

下を長く
はらう　とめる

囗 くにがまえ

7画

読み方

イ
かこむ・かこう

使い方

周囲《しゅうい》・包囲《ほうい》
丸で囲《かこ》む・かべで囲《かこ》う

漢字の意味。

「囲」には、「かこむこと、かこまれること、まわり」という意味があるよ。漢字の形も、「井」が「口」で囲まれているね。

漢字の意味

222ページ

団

長く
はねる

囗 くにがまえ

6画

読み方

ダン・（トン）
―

使い方

集団《しゅうだん》・団結《だんけつ》・団体《だんたい》

漢字の意味。

「団」の「口」は、「囲む」という意味だよ。まわりを丸く囲むことから、「丸いかたまり」や、「人や物の集まり」を表すんだ。

例 団子・団体

漢字の意味

225ページ

経

あける
はらう
はらう
とめる　下を長く

糸 いとへん

11画

読み方

ケイ・（キョウ）
へる

使い方

経験《けいけん》・経過《けいか》・経路《けいろ》
一年を経《へ》る

同じ読み方で形の似ている漢字。

経（ケイ）　たて糸。通りすぎる。例 経緯《い》・経路

径（ケイ）　こみち。まっすぐな道。例 直径・半径

注意！

ものしりメモ

「製作」は、道具や機械で物をつくることだね。「制作」は芸術などの作品をつくることで、「電子部品の製作所。」「ドラマを制作する。」のように使い分けるよ。

練習のワーク

いにしえの人のえがく世界
「弱いロボット」だからできること

教科書 210〜226ページ　答え 6ページ

勉強した日　月　日

1 新しい漢字を読みましょう。

① 210ページ 色が（似合）う。

② 214ページ （製品）を作る。

③ ある（機能）をそなえる。

④ 結果をけん（証）する。

⑤ （豊）かなくらし。

⑥ てきを取り（囲）む。

⑦ （集団）で行動する。

⑧ 妹の（経験）を聞く。

ここからはってん

✿⑨ 知識が（豊富）な人。

✿⑩ （周囲）を見回す。

✿⑪ 年を（経）る。

2 新しい漢字を書きましょう。〔　〕は、送りがなも書きましょう。

① 210ページ 眼鏡が〔　　〕《にあう》。

② 214ページ □□《せいひん》を開発する。

③ 多くの□□《きのう》を持つ。

④ 事故現場をけん□《しょう》する。

⑤ 緑が〔　　〕《ゆたか》だ。

⑥ 井戸をさくで〔　　〕《かこむ》。

✿の漢字は新出漢字の別の読み方です。

⑦ □□《しゅうだん》で下校する。

⑧ 過去の□□《けいけん》をいかす。

ここからはってん

✿⑨ 在庫が□□《ほうふ》にある。

✿⑩ □□《しゅうい》をうかがう。

✿⑪ 五年のさいげつを□《へ》る。

3 漢字で書きましょう。（〰は、送りがなも書きましょう。太字は、この回で習った漢字を使った言葉です。）

① しょうがつにはきものが**にあう**。

② にほんでせいさんされた**せいひん**。

③ くるまに**きのう**がついかされる。

④ あんぜんせいをけん**しょう**する。

⑤ **ゆたか**なしぜんかんきょうをまもる。

⑥ みずうみを**かこむ**うつくしいふうけい。

⑦ がっしゅくでの**しゅうだん**せいかつ。

⑧ **けいけん**をつむことでせいちょうする。

基本のワーク

漢字を使おう8

教科書 227ページ

勉強した日　月　日

◆「読み方」の赤い字は教科書で使われている読みです。●はまちがえやすい漢字です。

漢字を使おう8

227ページ

幹　かん　いちじゅう

幹（つき出さない・下を長く）

読み方
カン
みき

使い方
幹線道路《かんせんどうろ》・幹事《かんじ》
木の幹《みき》

13画

漢字の意味。
「幹」は、木の根元の太いところ、「木のみき」という意味で、そこから「中心」という意味も表すよ。

227ページ

慣　りっしんべん

慣（×毋・とめる）

読み方
カン
なれる・ならす

使い方
慣例《かんれい》・習慣《しゅうかん》
新しい学校に慣《な》れる

14画

227ページ

検　きへん

検（つき出さない・とめる・はらう）

読み方
ケン
—

使い方
検査《けんさ》・検定《けんてい》・点検《てんけん》

12画

漢字のでき方。
慣
貫…「つらぬき通す」ことを表す。
忄…「心の動き」を表す。
「ひとつのことをつらぬき通して慣れる」という意味を表すよ。

同じ読み方で形の似ている漢字。
検（ケン）…しらべる。例「検査」「検定」
険（ケン）…あぶない。けわしい。例「保険」「険悪」
験（ケン）…ためす。しらべる。例「試験」「実験」

227ページ

築 たけかんむり

読み方

チク

きずく

使い方

構築《こうちく》・建築《けんちく》・新築《しんちく》

新しい国家を築《きず》く

16画

部首に注意。

築

部首は「⺮」(たけかんむり)。「木」(き)ではないので気をつけよう。

227ページ

鉱 かねへん

読み方

コウ

使い方

鉱山《こうざん》・鉱物《こうぶつ》・鉄鉱《てっこう》

13画

「釒」のつく漢字。

「釒」(かねへん)がつく漢字は、「金属の種類」に関係することが多いよ。「銅」や「鉱」のほかにも、「銀」「鏡」「鉄」などがあるね。

227ページ

脈 にくづき

読み方

ミャク

使い方

鉱脈《こうみゃく》・脈《みゃく》を取る

山脈《さんみゃく》・動脈《どうみゃく》

10画

227ページ

航 ふねへん

読み方

コウ

使い方

航海《こうかい》・航路《こうろ》・航空機《こうくうき》

10画

漢字のでき方。

航

「舟」(ふね)と、まっすぐという意味の「亢」からできた漢字だよ。「船がまっすぐに進む」という意味を表すよ。

読みかえの漢字

227ページ	正《まさ》
	正夢《まさゆめ》
227	顔《ガン》
	顔面《がんめん》

ものしりメモ 「脈」の部首は「月」(にくづき)だよ。体に関係する漢字につくことが多いよ。空の月や時間に関係する「月・月」(つき・つきへん)と区別できるようになろう。

練習のワーク
漢字を使おう8

教科書 227ページ　答え 7ページ

勉強した日　月　日

1 新しい漢字を読みましょう。

① 227ページ （正夢）をみる。

② （幹線）道路を走る。

③ ふとい木の（幹）。

④ （慣例）にしたがう。

⑤ 新しい学校に（慣）れる。

⑥ （検査）を受ける。

⑦ （顔面）に手を当てる。

⑧ 仕組みを（構築）する。

⑨ （鉱山）で働く。

⑩ （鉱脈）をみつける。

⑪ （航海）の旅。

✿⑫ ここから はってん 橋を（築）く。

2 新しい漢字を書きましょう。〔　〕は、送りがなも書きましょう。

① 227ページ □□《まさゆめ》になる。

② □□《かんせん》道路が混む。

③ □《みき》から枝がのびる。

④ □□《かんれい》通りに行う。

⑤ 新しい道具に〔　　〕《なれる》。

⑥ □□《けんさ》の結果を待つ。

✿の漢字は新出漢字の別の読み方です。

⑦ □□《がんめん》が赤くなる。

⑧ システムの□□《こうちく》。

⑨ □□《こうざん》で鉄をとる。

ここからはってん

⑩ 金の□□《こうみゃく》をほり当てる。

⑪ ヨットで□□《こうかい》する。

✿⑫ 大きな家を□《きず》く。

3 漢字で書きましょう。（～～は、送りがなも書きましょう。太字は、この回で習った漢字を使った言葉です。）

① さくや みたのは **まさゆめ** だった。

② スギの **みき** のちょっけいをはかる。

③ そのとちの **かんれい** にしたがう。

④ がんかでめの **けんさ** をする。

⑤ **がんめん** をぶつけてはなぢがでる。

⑥ にっぽんいちのしろを **こうちく** する。

⑦ せきたんの **こうみゃく** をはっけんする。

⑧ たいへいようを **こうかい** する。

4 漢字を使おう

四年生で習った漢字を書きましょう。

① □□□《こうさてん》をわたる。

② □□《かいさつ》を通る。

③ □□□□《ていこうがいしゃ》。

④ □□《きょうりょく》を求める。

⑤ 鳥の□《す》箱を取り付ける。

⑥ □《おっと》が作業する。

⑦ □□《ろうじん》が歩く。

⑧ □□《ほうたい》を用意する。

⑨ □《まご》が転んで泣く。

⑩ □□□《いちりんしゃ》に乗る。

⑪ まだ□□□《しょしんしゃ》だ。

⑫ ひなん□□《くんれん》。

⑬ □《はた》をふる。

⑭ □□《きょうかん》が合図する。

⑮ □□《ごうれい》をかける。

⑯ □□《はいち》を決める。

⑰ □□《たいれつ》を組む。

⑱ 全員が□□《さんか》する。

⑲ □□《ぐんて》をはめる。

基本のワーク

資料を見て考えたことを話そう　漢字を使おう9

教科書 238～245ページ

勉強した日　月　日

◆「読み方」の赤い字は教科書で使われている読みです。●はまちがえやすい漢字です。

費

240ページ

費　かい

（はねる・とめる・はらう）

読み方
ヒ
（ついやす）（ついえる）

使い方
消費《しょうひ》・費用《ひよう》・食費《しょくひ》

12画

績

245ページ

績　いとへん

（一番長く・はらう・とめる）

読み方
セキ
―

使い方
実績《じっせき》・業績《ぎょうせき》・成績《せいせき》

17画

同じ読み方で形の似ている漢字。

績（セキ）　糸をつむぐ。なしとげる。
例 ぼう績・実績・業績

積（セキ）　つむ。つもる。広さ。大きさ。
例 積雪・面積・体積

注意！

設

245ページ

設　ごんべん

（あける・はねる・はらう）

読み方
セツ
もうける

使い方
設定《せってい》・設置《せっち》・建設《けんせつ》
場所を設《もう》ける

11画

居

245ページ

居　しかばね　かばね

（はらう・長く）

読み方
キョ
いる

使い方
居住地《きょじゅうち》・住居《じゅうきょ》・新居《しんきょ》
居間《いま》

8画

「居」を使った言葉。

居住地…人が生活のために住まいとして定めた場所。

居心地《いごこち》…ある場所にいるときに感じる気分のこと。

覚えよう！

245ページ

厚

厚 がんだれ

厚（はらう・はねる）

読み方

（コウ）

あつ**い**

使い方

手厚《てあつ》い・厚《あつ》い本・厚紙《あつがみ》

9画

同じ読み方の漢字。

厚《あつ》い…あつみがある。思い入れが深い。（↔うすい）

暑《あつ》い…気温が高い。（↔寒い）

熱《あつ》い…ものの温度が高い。（↔冷たい）

注意！

245ページ

暴

暴 ひ

暴（はねる・×水）

読み方

ボウ・（バク）

（あば**く**）・あば**れる**

使い方

暴力《ぼうりょく》・暴言《ぼうげん》・暴風雨《ぼうふうう》

牛が暴《あば》れる

15画

漢字の形に注意。

暴

「氺」を「水」としないようにしよう。

注意！

245ページ

許

許 ごんべん

許（あける・つき出さない・下を長く）

読み方

キョ

ゆる**す**

使い方

許可《きょか》・許容《きょよう》・特許《とっきょ》

失敗を許《ゆる》す

11画

245ページ

可

可 くち

可（つき出す・はねる）

読み方

カ

—

使い方

許可《きょか》・可決《かけつ》・不可能《ふかのう》

5画

245ページ

謝

謝 ごんべん

謝（あける・つき出す・はねる）

読み方

シャ

（あやま**る**）

使い方

感謝《かんしゃ》・謝罪《しゃざい》・謝礼《しゃれい》

17画

漢字の意味。

「謝」には、「お礼を言う」「あやまる」「ことわる」などの意味があるよ。

例 謝辞…お礼の言葉、または、おわびの言葉。

例 面会謝絶…人に会うのをことわること。

漢字の意味

ものしりメモ

「許可」の「許」と「可」は、どちらも「ゆるす・みとめる」という意味をもつ漢字だよ。
似た意味の漢字を重ねた熟語《じゅくご》には「移動」「開始」「思考」などもあるよ。

練習のワーク

資料を見て考えたことを話そう
漢字を使おう9

教科書 238～245ページ

答え 7ページ

勉強した日　月　日

1 新しい漢字を読みましょう。

① 238ページ （　　）消費 期限が切れる。

② 245ページ 仕事の（　　）実績。

③ 目標を（　　）設定 する。

④ （　　）居住地 をさだめる。

⑤ （　　）手厚 くもてなす。

⑥ （　　）暴力 をみとめない。

⑦ あやまちを（　　）許 す。

⑧ 入場を（　　）許可 する。

⑨ 友達に（　　）感謝 する。

ここからはってん

✿⑩ 話し合いの場を（　　）設 ける。

✿⑪ （　　）居間 に集まる。

✿⑫ 子犬が（　　）暴 れる。

2 新しい漢字を書きましょう。〔　〕は、送りがなも書きましょう。

① 238ページ 電力を □□《しょうひ》 する。

② 245ページ □□《じっせき》 をあげる。

③ 条件を □□《せってい》 する。

✿の漢字は新出漢字の別の読み方です。

④ □□□《きょじゅうち》を移す。

⑤ 〔　　〕《てあつい》保護。

⑥ □□《ぼうりょく》には反対だ。

⑦ ミスを〔　　〕《ゆるす》。

⑧ □□《きょか》を求める。

⑨ □□《かんしゃ》の気持ち。

ここからはってん

✿⑩ 発表の場を□《もう》ける。

✿⑪ □□《いま》でくつろぐ。

✿⑫ 馬がおどろいて□《あば》れる。

3 漢字で書きましょう。（〰は、送りがなも書きましょう。太字は、この回で習った漢字を使った言葉です。）

① きげんないに**しょうひ**する。

② けんきゅうで**じっせき**をのこす。

③ ふろのゆのおんどを**せってい**する。

④ **きょじゅうち**のやくしょにいく。

⑤ て**あつい**たいおうに**かんしゃ**する。

⑥ **ぼうりょく**にたよらずかいけつする。

⑦ おとうとのしっぱいを**ゆるす**。

4 漢字を使おう

四年生で習った漢字を書きましょう。〔　〕は、送りがなも書きましょう。

① 工場の□□《きかい》。

② □□□《しょうてんがい》がにぎわう。

③ 美しい□□《まつばやし》。

④ □□《ふくおか》県の食。

⑤ 〔　　〕《やき》物を売る。

⑥ □□《さが》県のみさき。

⑦ □□《ながさき》県のカステラ。

⑧ □□《くまもと》県の城。

⑨ あまい□□《かじつ》。

⑩ □□《みやざき》県のマンゴー。

⑪ □□□《かごしま》県の火山。

⑫ □□《おきなわ》県の城。

⑬ □□《しゅうへん》の地いき。

⑭ □□《とおあさ》の海。

基本のワーク

手塚治虫《てづかおさむ》 漢字を使おう10／わたしの文章見本帳

教科書 246〜267ページ

勉強した日　月　日

◆「読み方」の赤い字は教科書で使われている読みです。（目玉マーク）はまちがえやすい漢字です。

手塚治虫

250ページ

採　てへん

採（はねる・とめる・はらう）

読み方：サイ／とる

使い方：採集《さいしゅう》・採用《さいよう》／血液を採《と》る

11画

同じ読み方の漢字。

採《と》る…さがして集める。選んで集める。

例　きのこを採る。社員を採る。

取《と》る…手に持つ。にぎる。手に入れる。

例　バットを取る。点を取る。

250ページ

評　ごんべん

評（あける）

読み方：ヒョウ／―

使い方：評判《ひょうばん》・評価《ひょうか》・好評《こうひょう》

12画

252ページ

授　てへん

授（はねる・はねる・あける・はらう）

読み方：ジュ／（さずける）（さずかる）

使い方：授業《じゅぎょう》・教授《きょうじゅ》・伝授《でんじゅ》

11画

反対の意味をもつ漢字。

「授」は、「手わたす・あたえる」などの意味を表すよ。反対の意味をもつ漢字は「受」だよ。

例　授賞…賞をあたえる。

例　受賞…賞をうける。

253ページ

備　にんべん

備（つき出さない・とめる・はねる）

読み方：ビ／そなえる・そなわる

使い方：準備《じゅんび》・予備《よび》／台風に備《そな》える

12画

254ページ

舎　した

舎

はらう
下を長く

読み方
シャ
—

使い方
宿舎《しゅくしゃ》・駅舎《えきしゃ》・校舎《こうしゃ》

8画

漢字の意味。
「舎」は、「たてもの・いえ」などの意味を表すよ。
例 宿舎…旅先などで宿泊《はく》するところ。
例 牛舎…家ちくの牛を飼う場所。

255ページ

演　さんずい

演

立てる
はねる
つける
とめる

読み方
エン
—

使い方
演劇《えんげき》・演技《えんぎ》・講演《こうえん》

14画

漢字の形。
演
「亩」の部分を「田」としたり、「由」としたりしないように気をつけよう。

263ページ

税　のぎへん

税

はねる
とめる

読み方
ゼイ
—

使い方
消費税《しょうひぜい》・税関《ぜいかん》・税金《ぜいきん》

12画

漢字のでき方。
税
兑…「ぬきとる」ことを表す。
禾…「いね」を表す。
国などにおさめる「税金」の意味。昔は、税として米などをおさめていたんだ。

263ページ

余　ひとやね

余

はらう
下を長く
はねる
とめる

読み方
ヨ
あまる・あます

使い方
余計《よけい》・余談《よだん》・余分《よぶん》
旅費が余《あま》る・持《も》て余《あま》す

7画

263ページ

素　いと

素

一番長く
とめる

読み方
ソ・（ス）
—

使い方
素質《そしつ》・酸素《さんそ》・要素《ようそ》

10画

ものしりメモ
「評」は、「言」（ことば）と「平」（たいら）からできた漢字で、「公平に話し合って定める」ことを表すよ。

263ページ

財

財 かいへん

(少し出す・とめる・はねる)

読み方 ザイ・(サイ) ―

使い方 財産《ざいさん》・財政《ざいせい》・文化財《ぶんかざい》

10画

263ページ

貯

貯 かいへん

(立てる・はねる・とめる)

読み方 チョ ―

使い方 貯水池《ちょすいち》・貯金《ちょきん》 貯蔵《ちょぞう》・貯木場《ちょぼくじょう》

12画

「貝」のつく漢字。
「貝」(かいへん)は、お金に関係のある漢字につくよ。「財」はお金やねうちのある品物のことを、「貯」はお金などをためることを表すね。

263ページ

布

布 はば

(長く・つき出す・とめる・はねる)

読み方 フ ぬの

使い方 配布《はいふ》・毛布《もうふ》 布《ぬの》を織る

5画

265ページ

告

告 くち

(下を長く)

読み方 コク つげる

使い方 報告文《ほうこくぶん》・告白《こくはく》・広告《こうこく》 時を告《つ》げる

7画

266ページ

務

務 ちから

(はねる・わすれない・はらう・はねる)

読み方 ム つとめる・つとまる

使い方 義務《ぎむ》・事務《じむ》 議長を務《つと》める

11画

同じ読み方の漢字。
務《つと》める…自分の役目をはたす。例 図書委員を務める。
努《つと》める…力をつくす。努力する。例 けがの完治に努める。

読みかえの漢字

263ページ 社《やしろ》	社《やしろ》を建てる
263 組《ソ》	組織《そしき》

ものしりメモ 「告」は、もともとは「神に牛をささげて申し上げる」という意味の漢字で、ここから「つげる」という意味になったよ。

伝記を読んで感想文を書こう

練習のワーク

手塚治虫《てづかおさむ》
漢字を使おう10／わたしの文章見本帳

教科書 246～267ページ
答え 7ページ

勉強した日　月　日

1 新しい漢字を読みましょう。

① 246ページ 昆《こん》虫採集（　　）をする。
② 本が評判（　　）になる。
③ 授業（　　）がなくなる。
④ こうげきに備（　　）える。
⑤ 宿舎（　　）がなくなる。
⑥ 演劇《げき》（　　）の舞《ぶ》台に立つ。
⑦ 263ページ 消費税（　　）をはらう。
⑧ 費用に余（　　）りが出る。
⑨ 絵かきの素質（　　）がある。
⑩ 財産（　　）を相続する。
⑪ 貯水池（　　）に水をためる。
⑫ 職人が社（　　）を建てる。
⑬ 美しい布（　　）を織る。
⑭ 組織（　　）に入る。
⑮ 264ページ 報告文（　　）を書く。
⑯ 役員を務（　　）める。

ここからはってん

✿⑰ 山できのこを採（　　）る。
✿⑱ 旅行の準備（　　）。
✿⑲ 余分（　　）な量。
✿⑳ 毛布（　　）をかける。
✿㉑ 春を告（　　）げる鳥。

✿の漢字は新出漢字の別の読み方です。

2 新しい漢字を書きましょう。〔　〕は、送りがなも書きましょう。

① 246ページ □□《さいしゅう》した虫。

② □□《ひょうばん》のいい店。

③ □□《じゅぎょう》を受ける。

④ 火事に〔　〕《そなえる》。

⑤ □□《しゅくしゃ》にとまる。

⑥ □《えん》劇《げき》部に入る。

⑦ 263ページ □□□《しょうひぜい》をふくむ。

⑧ 夕食の〔　〕《あまり》。

⑨ □□《そしつ》をのばす。

⑩ □□《ざいさん》をわける。

⑪ □□□《ちょすいち》を設ける。

⑫ 山の中にある□《やしろ》。

⑬ 一枚《まい》の□《ぬの》。

⑭ □□《そしき》の一員。

⑮ 264ページ 先せいへの□□□《ほうこくぶん》。

⑯ 司会を〔　〕《つとめる》。

ここからはってん

✿⑰ 山菜を□《と》る。

✿⑱ パーティーの□□《じゅんび》。

✿⑲ 食料が□□《よぶん》にある。

✿⑳ □□《もうふ》にくるまる。

✿㉑ し合開始を□《つ》げる笛。

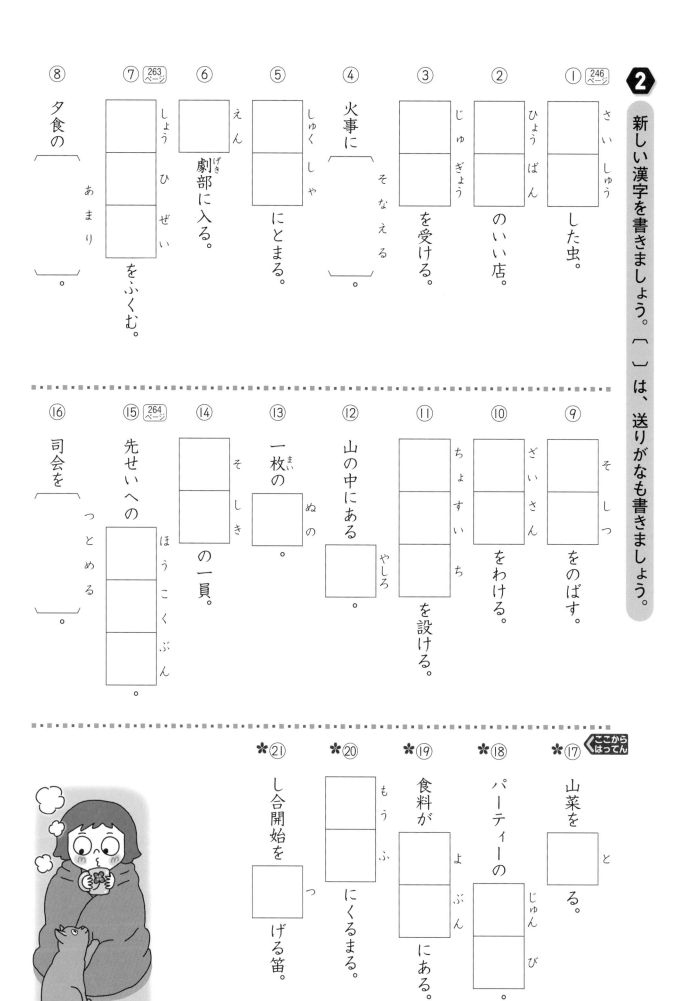

3 漢字で書きましょう。（〰は、送りがなも書きましょう。太字は、この回で習った漢字を使った言葉です。）

① せいとにひょうばんのいいじゅぎょう。

□

② えんげきでしゅやくをつとめる。

□

③ ぬののあまりであいけんのふくをぬう。

□

4 漢字を使おう

四ねんせいで習った漢字を書きましょう。〔　〕は、送りがなも書きましょう。

① □□《しっぱい》をくり返す。

② 毎日□□《どりょく》する。

③ 少しずつ□□《じょうたつ》する。

④ 初めて□□《せいこう》する。

⑤ □□《みらい》の夢。

⑥ 自ぶんの店で〔　　〕《はたらく》。

⑦ □□《さくねん》のでき事。

⑧ □□《しけん》を受ける。

⑨ □□《ざんねん》な結果。

⑩ 欠点を□□《はんせい》する。

⑪ 必死で〔　　〕《おぼえる》。

⑫ □□《きぼう》がわく。

⑬ □□□《せっきょくてき》になる。

⑭ □□《なかま》が増える。

⑮ 〔　　〕《かたい》きずな。

⑯ □□《そつぎょう》の日がくる。

⑰ みんなで〔　　〕《いわう》。

5年 仕上げのテスト

時間 20分

得点 /100点

勉強した日 月 日

答え 8ページ

1 ――線の漢字の読み方を書きましょう。 一つ1（14点）

① 多くの機能（　　）をそなえた製品（　　）。

② 経験（　　）の豊（　　）かな人から学ぶ。

③ さるに囲（　　）まれて顔面（　　）そう白になる。

④ 鉱脈（　　）をさがすために航海（　　）に出る。

⑤ 慣例（　　）を破ることを許（　　）す。

⑥ 宿舎（　　）のうら山で昆《こん》虫採集（　　）をする。

⑦ 財産（　　）をつぎこんで社（　　）を修復する。

2 □は漢字を、（　）は漢字と送りがなを書きましょう。 一つ2（28点）

① 白が（　　）《にあう》。

② 現場けん□《しょう》。

③ 言葉の□□《ぼうりょく》。

④ 親に□□《かんしゃ》する。

⑤ 国語の□□《じゅぎょう》。

⑥ □《えん》劇《げき》かん賞。

⑦ □□□《しょうひぜい》。

⑧ 予算の（　　）《あまり》。

⑨ □□《そしつ》がある。

⑩ □□□《ちょすいち》。

⑪ □《ぬの》を広げる。

⑫ 会社の□□《そしき》。

⑬ □□□《ほうこくぶん》。

⑭ 委員を（　　）《つとめる》。

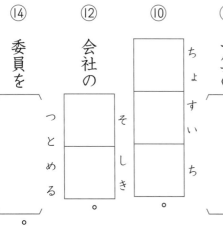

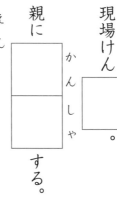

3 ――線の言葉を、漢字と送りがなで書きましょう。　一つ2（8点）

① 災害にそなえる。

② 身長をはかる。

③ シャツのボタンをとめる。

④ 人数をかぎる。

4 次の漢字の二通りの読み方を書きましょう。　一つ1（6点）

① 肥
1 畑に肥やしをまく。（　　）
2 花に肥料をやる。（　　）

② 幹
1 太い木の幹。（　　）
2 新幹線。（　　）

③ 築
1 城を築く。（　　）
2 昔の建築物を見学する。（　　）

5 次の漢字とにた意味の漢字を［　］から選び、熟語《じゅく》を作りましょう。　一つ1（4点）

① 保□

② 集□

③ □住

④ 断□

［ 絶　団　居　護 ］

6 同じ読み方をする漢字を□に書きましょう。　一つ2（8点）

①
1 □《けん》定を受ける。
2 試□《けん》を受ける。

②
1 □《あつ》い本。
2 お湯が□《あつ》い。

7 次の漢字の部分には、それぞれ同じ部首がつきます。□に部首を、（　）に部首名を書きましょう。　一つ1（4点）

① 青　生　央　□（　　）

② 殳　平　戠　□（　　）

8 形がにている漢字を□に書きましょう。 一つ1（8点）

① 1 □《ねん》料　2 自□《ぜん》

② 1 倍□《りつ》　2 □《そつ》業

③ 1 □《せき》任　2 成□《せき》

④ 1 □《ふく》数　2 回□《ふく》

9 次の漢字の成り立ちをア～エから選んで、（　）に記号で答えましょう。 一つ1（4点）

① 五（　）　② 粉（　）

③ 山（　）　④ 畑（　）

ア　物の形をかたどったもの。

イ　事がらを印などで示したもの。

ウ　漢字の意味を合わせたもの。

エ　音《おん》を表す部分と意味を表す部分を組み合わせたもの。

10 次の熟語《じゅく》と同じ構成の熟語を［　］から選び、漢字で書きましょう。 一つ2（10点）

① 銅像……□□

② 授賞……□□

③ 非礼……□□

④ 永久……□□

⑤ 損得……□□

ほうふ　あくむ　しょうどく　ふけつ　ぞうげん

11 次の特別な読み方をする漢字を書きましょう。 一つ2（6点）

① □□《しみず》がわく。

② □□《めがね》をかける。

③ □□《まいご》をさがす。

教科書ワーク

答えとてびき

「答えとてびき」は、とりはずすことができます。

東京書籍版

漢字 5年

使い方

まちがえた問題は確実《かくじつ》に書けるまで、くり返し書いて練習することが大切です。この本で、教科書に出てくる漢字の使い方を覚えて、漢字の力を身につけましょう。

●教科書　新編　新しい国語　五

おにぎり石の伝説

4・5ページ　練習のワーク

1

①たし　②しゅつげん　③いっこ　④よ
⑤ふくすう　⑥みょうじ　⑦ぜっく
⑧ゆめ　⑨ひさ　⑩しんじょう
⑪そうぞう　⑫かくじつ　⑬あらわ　⑭た
⑮むちゅう　⑯じきゅうそう　⑰なさ

2

①確か　②出現　③一個　④四つ　⑤複数
⑥名字　⑦絶句　⑧夢　⑨久し　⑩心情
⑪想像　⑫確実　⑬現　⑭絶　⑮夢中
⑯持久走　⑰情

3

①飛行機が出現する夢を見る。
②同じ名字の人が複数いる。
③想像以上のことに絶句する。

漢字を使おう1

8・9ページ　練習のワーク

1

①ふ　②ま　③ぞうえき　④さかい
⑤きょうかい　⑥せいぎかん　⑦えいせい
⑧がんきゅう　⑨すく
⑩きゅうきゅうしゃ　⑪ていし

2

①増える　②増す　③増益　④境　⑤境界
⑥正義感　⑦衛生　⑧眼球　⑨救う
⑩救急車　⑪停止

3

①各自　②方法　③管理　④週末　⑤栄養
⑥飯　⑦野菜　⑧健康　⑨関心　⑩続ける
⑪必要　⑫入浴　⑬衣類　⑭欠席　⑮特別
⑯冷やす　⑰治る

図書館へ行こう

11ページ　練習のワーク

1

①おう　②しりょう　③げんざい
④ちょうさ　⑤じょうほう　⑥こた　⑦あ

2

①応　②資料　③現在　④調査　⑤情報
⑥応

知りたいことを聞き出そう　敬《けい》語

13ページ　練習のワーク

1

①え　②さい　③しつもん　④うつ
⑤そうごうてき　⑥ないよう　⑦とくい
⑧いどう

2

①得る　②際　③質問　④移る　⑤総合的
⑥内容　⑦得意

インターネットは冒険だ
漢字を使おう2

17〜19ページ 練習のワーク

1
①けん ②しょぞく ③ひこうし ④ま
⑤さいがい ⑥げんいん ⑦きょうみ
⑧か ⑨けんせい ⑩こうせい
⑪ちょくせつ ⑫しめ ⑬しじ ⑭きんし
⑮ざつだん ⑯さんみ ⑰どくしょう
⑱こころよ ⑲かいせい ⑳けわ
㉑こんざつ ㉒す ㉓ぞうきばやし

2
①険 ②所属 ③飛行士 ④混じる
⑤災害 ⑥原因 ⑦興味 ⑧過 ⑨険性
⑩構成 ⑪直接 ⑫示す ⑬指示 ⑭禁止
⑮雑談 ⑯酸味 ⑰独唱 ⑱快く ⑲快晴
⑳険 ㉑混雑

3
①災害の現場に向かう。
②父の話に興味を示す。
③快い独唱が聞こえる。

4
①材料 ②牧場 ③郡 ④飛行場
⑤無人島 ⑥自然 ⑦漁 ⑧労力 ⑨灯台
⑩海底 ⑪貨物列車 ⑫不思議 ⑬連なる
⑭宮城県 ⑮民芸品

地域のみりょくを伝えよう
漢字の成り立ち
いにしえの言葉に親しもう

22・23ページ 練習のワーク

1
①いしき ②せいけつ ③たいひ
④たいが ⑤せいしん ⑥しゅっぱん
⑦いきお ⑧お ⑨きこうぶん
⑩えいえん ⑪いし ⑫くら ⑬かわ
⑭せいりょく ⑮しき ⑯なが
⑰こころざ ⑱こころざし

2
①意識 ②清潔 ③対比 ④大河 ⑤精神
⑥出版 ⑦勢い ⑧織り ⑨紀行文
⑩永遠 ⑪意志 ⑫比 ⑬勢力 ⑭織
⑮永 ⑯志 ⑰志

3
①清潔をたもつことを意識する。
②精神について研究する。
③作家が紀行文を出版する。

世界でいちばんやかましい音
漢字を使おう3
思考に関わる言葉

27〜29ページ 練習のワーク

1
①れきし ②よろこ ③さんせい
④しょくば ⑤まか ⑥ぶつぞう
⑦しょうたいじょう ⑧ほか ⑨ころ
⑩たいど ⑪かてい ⑫だんてい
⑬はんだん ⑭よそく ⑮じょう ⑯ひき
⑰にんめい ⑱ほとけ ⑲まね
⑳さっちゅう ㉑かり ㉒ことわ
㉓おおばん ㉔はか

2
①歴史 ②喜ぶ ③賛成 ④職場
⑤任せる ⑥仏像 ⑦招待状 ⑧外
⑨殺す ⑩態度 ⑪仮定 ⑫断定
⑬判断 ⑭予測 ⑮条 ⑯任命
⑰招 ⑱仮 ⑲断 ⑳大判 ㉑測

3
①世界の仏像の歴史を学ぶ。
②母の職場は駅に近い。
③判断を親に任せる。

4
①給食 ②約束 ③半径 ④単位
⑤億・兆 ⑥英語 ⑦合唱 ⑧楽器
⑨観察 ⑩種・芽 ⑪徒競走 ⑫記録
⑬選挙 ⑭順番 ⑮投票 ⑯氏名

新聞記事を読み比べよう

32・33ページ 練習のワーク

1
①つね ②へいきん ③じけん ④じこ
⑤せいじ ⑥へんしゅう ⑦ちょうかん
⑧じょうしき ⑨あ

2
①常 ②平均 ③事件 ④事故 ⑤政治
⑥編集 ⑦朝刊 ⑧常識 ⑨編

3
①常に努力をおこたらない。

②年間雨量を平均する。
③けい察が事件のはん人を追う。
④事故の原因を調査する。
⑤国民のための政治を行う。
⑥雑しの編集。
⑦毎日朝刊を配達する。

夏休み　まとめのテスト

34・35ページ　まとめのテスト①

1 ①ふくすう・みょうじ　②ひさ・ぞうえき
③さかい・すく　④えいせい・ちょうさ
⑤しつもん・さい　⑥きょうみ・うつ
⑦ひこうし・ちょくせつ

2 ①一個　②四つ　③絶句　④夢　⑤想像
⑥眼球　⑦停止　⑧応　⑨資料　⑩現在
⑪情報　⑫得る　⑬総合的　⑭内容

3 ①確かめる　②任せる　③志す　④断る
⑤勢い

4 ①1ま　2こ　②1ふ　2ま
③1はず　2ほか

5 ①1測　2側
②1記　2紀
③1義　2議
④1清　2精

6 ①イ　②ア　③ウ　④エ

てびき

3 ①「確かめる」は「か」から送りがなを書きます。「確める」としないようにしましょう。
③「志」を「こころざし」と読むときは送りがながつかないので注意しましょう。

4 ①「混」②「増」③「外」は複数の訓読みをもつ漢字です。「外」には「そと」という訓読みもあります。

6 ①「末」は、木の上の方に印をつけ、先の部分であることを表した指事《しじ》文字です。
②「馬」は、馬の形をかたどった象形《しょうけい》文字です。
③「林」は、「木」と「木」という二つの漢字の意味を合わせた会意《かいい》文字です。
④「版」は、音《おん》を表す「反」と意味を表す「片」を組み合わせた形声《けいせい》文字です。

36・37ページ　まとめのテスト②

1 ①ざつだん・きんし　②たいひ・こうせい
③たいが・きこうぶん　④いし・いきお
⑤じょうけん・さんせい　⑥つね・じこ
⑦ちょうかん・じけん

2 ①所属　②災害　③険性　④示す　⑤独唱
⑥清潔　⑦歴史　⑧喜ぶ　⑨仏像
⑩招待状　⑪態度　⑫仮定　⑬判断
⑭平均

3 ①1現れる　2表れる
②1写す　2移す　③1応える　2答える
④1測る　2量る

4 ①16　②12　③15　④10

5 ①イ　②ア

6 ①1氷　2永　②1職　2織　3識

7 ①停　②目　③本　④鳴

てびき

2 ⑧「喜ぶ」は送りがなに注意しましょう。
⑫「仮定」は、「仮にそうであると決めること」です。

3 ①「現れる」はかくれていたものが見えるようになるときに、「表れる」は気持ちや考えなどが表に出るときに使います。また、両方の漢字を合わせると「表現」という熟語《じゅくご》になります。
④「測る」は長さや広さなどを、「量る」は重さなどをはかるときに使います。「はか(る)」と読む漢字には他に、時間や数などをはかるときに使う「計る」などもあります。

4 ①「興」の右上の部分は「ㇷ ㇺ ㇺ」と三画で書くことに注意しましょう。

7 ①「絵」は右側が音《おん》を、左側が意味を表す形声《けいせい》文字です。「停」も右側が音を、左側が意味を表しています。

未知へ
心の動きを短歌で表そう

39ページ 練習のワーク

❶
①いんしょう ②きほん
③しゅうせいあん ④てきせつ
⑤じゅんじょ ⑥ぞう ⑦おさ

❷
①印象 ②基本 ③修正案 ④適切
⑤順序 ⑥象 ⑦修

問題を解決するために話し合おう
漢字を使おう4

42~44ページ 練習のワーク

❶
①かいけつ ②へ ③しかく ④そうがく
⑤か ⑥まず ⑦びん ⑧きじゅん
⑨はか ⑩せんぞ ⑪ぼち ⑫まよ
⑬まいご ⑭じゅつご ⑮の ⑯と
⑰げんしょう ⑱ひたい

❷
①解決 ②減る ③資格 ④総額 ⑤貸し
⑥貧しい ⑦貧 ⑧基準 ⑨墓 ⑩先祖
⑪墓地 ⑫迷う ⑬迷子 ⑭述語
⑮述べる ⑯解

❸
①話し合いで解決する。
②信号機のせっ置で事故が減る。
③母は栄養士の資格を持つ。
④資産の総額を公表する。
⑤自転車を貸し出す店がある。
⑥貧しい国に医薬品を送る。
⑦得点が基準に達する。
⑧家族で先祖の墓参りに行く。
⑨迷子の特ちょうを述べる。

❹
①新潟 ②北陸 ③茨城 ④栃木 ⑤群馬
⑥富山 ⑦福井 ⑧山梨 ⑨標高 ⑩岐阜
⑪静岡 ⑫愛知 ⑬埼玉 ⑭神奈川
⑮倉庫

注文の多い料理店／漢字を使おう5
どうやって文をつなげればいいの？

48~51ページ 練習のワーク

❶
①そんがい ②せいよう ③つく ④よ
⑤めがね ⑥ひじょう ⑦よぼう ⑧どく
⑨せきにん ⑩やぶ ⑪えだ ⑫し
⑬あつりょく ⑭こくえい ⑮か
⑯せいど ⑰しんまい ⑱ひりょう
⑲きゅうしき ⑳ぎゃくせつ
㉑ぞうせんじょ ㉒きふ ㉓ふせ ㉔せ
㉕はさん ㉖いとな ㉗さか

❷
①損害 ②西洋 ③造り ④寄り ⑤眼鏡
⑥非常 ⑦予防 ⑧毒 ⑨責任 ⑩破る
⑪枝 ⑫師 ⑬圧力 ⑭国営 ⑮価
⑯制度 ⑰新米 ⑱肥料 ⑲旧式 ⑳逆接
㉑造船所 ㉒寄付 ㉓防 ㉔責 ㉕破産
㉖営 ㉗逆

❸
①西洋造りの館を建てる。
②気の毒な人に寄りそう。
③非常にじょうぶな眼鏡。
④災害予防の責任者になる。
⑤荷物の包み紙を破る。
⑥りょう師が山で木の枝を折る。
⑦圧力なべで新米をたく。
⑧国営公園の価ちを知る。
⑨旧式の農具で肥料をまく。

❹
①滋賀 ②最大 ③散歩 ④京都府
⑤建物 ⑥望遠鏡 ⑦兵庫 ⑧風景
⑨博物館 ⑩奈良 ⑪大阪府 ⑫笑い
⑬満員 ⑭生産量 ⑮梅 ⑯案内

和の文化を受けつぐ――和菓子をさぐる
和の文化を発信しよう

54・55ページ 練習のワーク

❶
①でんとうてき ②こな ③ゆにゅう
④ぎじゅつ ⑤ささ ⑥きがた
⑦さいはっけん ⑧かぎ ⑨こうかてき
⑩ふんまつ ⑪こ ⑫ししゅつ
⑬てんけいてき ⑭さらいしゅう
⑮ふたた ⑯きげん ⑰き

❷
①伝統的 ②粉 ③輸入 ④技術

3

⑤支える　⑥木型　⑦再発見　⑧限る
⑨効果的　⑩粉末　⑪粉　⑫支出　⑬再
⑭期限　⑮効

3

①伝統的な祭りに参加する。
②ミルクの粉を輸入する。
③木型を作る職人の技術。

熟語の構成と意味／提案します、一週間チャレンジ／和語・漢語・外来語

59・60ページ　練習のワーク

1

①ほご　②ふさい　③おうふく
④こうぐ　⑤じゅこう　⑥むざい
⑦ふねん　⑧ていあん　⑨しょう
⑩さくら　⑪どう　⑫ぼうえき　⑬きそく
⑭たも　⑮つま　⑯たがや　⑰つみ　⑱も
⑲あんい　⑳やさ

2

①保護　②夫妻　③往復　④耕具　⑤受講
⑥無罪　⑦不燃　⑧提案　⑨賞　⑩桜
⑪銅　⑫貿易　⑬規則　⑭妻　⑮耕　⑯罪
⑰燃　⑱安易

3

①桜の木の切り口を保護する。
②夫妻に旅行を提案する。
③賞として銅のトロフィーをもらう。

大造じいさんとがん／漢字を使おう6

64〜66ページ　練習のワーク

1

①ひき　②とうりょう　③ぱ　④しどう
⑤けいりゃく　⑥か　⑦かべん
⑧どうどう　⑨のうふ　⑩わた　⑪めんし
⑫とういつ　⑬りゅうにん　⑭ぼうはん
⑮ばいりつ　⑯しゅちょう　⑰みちび
⑱しいく　⑲るす　⑳と

2

①率いる　②頭領　③張る　④指導
⑤計略　⑥飼う　⑦花弁　⑧堂々（堂堂）
⑨農婦　⑩綿　⑪綿糸　⑫統一　⑬留任
⑭防犯　⑮倍率

3

①頭領が仲間を率いる。
②緑色の細いひもを引っ張る。
③コーチの指導で上達する。
④強いチームと堂々（堂堂）と戦う。
⑤農婦が夫と畑を耕す。
⑥防犯のための訓練をする。

4

①便利　②以内　③好き　④借りる
⑤司書　⑥泣く　⑦共感　⑧熱中　⑨完結
⑩課題　⑪追求　⑫勇気　⑬自信　⑭副題
⑮付く　⑯辞典　⑰用例　⑱印刷

漢字を使おう7

68・69ページ　練習のワーク

1

①はかせ（はくし）　②やえざくら
③えきたい　④かわら　⑤どうてい
⑥ぶしどう　⑦むしゃ

2

①博士　②八重桜　③液体　④河原（川原）
⑤道程　⑥武士道　⑦武者

3

①博士が液体に薬を混ぜる。
②河原（川原）までの道程を案内する。
③武士道の精神を学ぶ。

4

①伝説　②岡山　③清らか　④日本海側
⑤変化　⑥戦争　⑦折り　⑧願い　⑨塩
⑩大臣　⑪香川　⑫徳島　⑬照明　⑭愛媛
⑮季節　⑯気候　⑰太平洋側

冬休み　まとめのテスト

70・71ページ　まとめのテスト❶

1

①そうがく・しゅうせいあん
②てきせつ・じゅんじょ
③せんぞ・ぼち　④そんがい・せきにん
⑤せいよう・つく　⑥ひじょう・か
⑦きゅうしき・せいど

2 ①印象 ②基本 ③解決 ④資格 ⑤貸す ⑥貧しい ⑦基準 ⑧迷う ⑨寄る ⑩毒 ⑪枝 ⑫圧力 ⑬新米 ⑭肥料

3 ①導く ②述べる ③逆らう ④営む

4 ①エ ②ア ③イ ④ウ

5 ①防 ②程 ③減 ④師

6 ①| ②6 ③7 ④3

てびき

2 ⑬「新米」は、作物の米を指す以外に、「始めたばかりで不慣《な》れな人」という意味もあります。

3 ④送りがなを「営なむ」とまちがえないように気をつけましょう。この「営む」は「生活のために仕事として行う」という意味です。

4 漢字一字ごとの意味や、漢字と漢字の関係を考えながら熟《じゅく》語を読んでみましょう。

①「提案」は「案」を「提出」する、②「人造」は「人」が「造る」、③「耕具」は「耕す」ための「道具」、④「森林」は「森」と「林」、という組み合わせであることから熟語の構成を考えます。

5 ③「増減」は、「増える」と「減る」という意味が対《つい》になる漢字を組み合わせた熟語です。

6 ④「阝」(こざとへん)は三画で書きます。

72・73ページ まとめのテスト②

1 ①ぎじゅつ・ささ ②ほご・か ③ふさい・しょう ④どう・ふねん ⑤ぼうえき・きそく ⑥とういつ・しどう ⑦のうふ・わた

2 ①粉 ②木型 ③再発見 ④限る ⑤耕具 ⑥率いる ⑦頭領 ⑧張る ⑨計略 ⑩花弁 ⑪留任 ⑫防犯 ⑬八重桜 ⑭液体

3 ①同・堂 ②基・墓 ③構・講 ④複・復

4 ①イ ②ア ③ア ④ア

5 ①非 ②無 ③未 ④不 ⑤未 ⑥不

6 ①制 ②格 ③順 ④破

7 ①かわら ②はかせ(はくし)

てびき

2 ⑥「率いる」は送りがなを「率きいる」や「率る」としないように注意しましょう。また形のにている「卒」と区別して書きましょう。

⑭「液体」は、「固体」「気体」という言葉とセットで覚えましょう。

3 ②「基」「墓」は形がよく似ています。気をつけましょう。③「じゅこう」は「受講」、④「おうふく」は「往復」が正しい熟語です。

4 同じ読み方をする熟語を正しく使い分けましょう。①「容易な」は「かん単な」という意味です。

②「回答」は、「質問や問い合わせなどに答えること」です。「解答」は、「問題を解いて、それに答えること、またその答え」という意味で使います。

5 打ち消しの漢字の使い分けを覚えましょう。

6 □の中の部分はすべて部首になります。

①は「刂」(りっとう)と「⿱𠂉巾」の、②は「木」(きへん)と「各」の、③は「頁」(おおがい)と「川」の、④は「石」(いしへん)と「皮」の組み合わせです。

76・77ページ 練習のワーク

いにしえの人のえがく世界
「弱いロボット」だからできること

1 ①にあ ②せいひん ③きのう ④しょう ⑤ゆた ⑥かこ ⑦しゅうだん ⑧けいけん ⑨ほうふ ⑩しゅうい ⑪へ

2 ①似合う ②製品 ③機能 ④証 ⑤豊か ⑥囲む ⑦集団 ⑧経験 ⑨豊富 ⑩周囲 ⑪経

3

①正月には着物が似合う。
②日本で生産された製品。
③車に機能が追加される。
④安全性をけん証する。
⑤豊かな自然かん境を守る。
⑥湖を囲む美しい風景。
⑦合宿での集団生活。
⑧経験を積むことで成長する。

漢字を使おう8

80～82ページ 練習のワーク

1

①まさゆめ ②かんせん ③みき
④かんれい ⑤な ⑥けんさ ⑦がんめん
⑧こうちく ⑨こうざん ⑩こうみゃく
⑪こうかい ⑫きず

2

①正夢 ②幹線 ③幹 ④慣例 ⑤慣れる
⑥検査 ⑦顔面 ⑧構築 ⑨鉱山 ⑩鉱脈
⑪航海 ⑫築

3

①昨夜見たのは正夢だった。
②スギの幹の直径を測る。
③その土地の慣例にしたがう。
④眼科で目の検査をする。
⑤顔面をぶつけて鼻血が出る。
⑥日本一の城を構築する。
⑦石炭の鉱脈を発見する。

⑧太平洋を航海する。

4

①交差点 ②改札 ③低公害車 ④協力
⑤巣 ⑥夫 ⑦老人 ⑧包帯 ⑨孫
⑩一輪車 ⑪初心者 ⑫訓練 ⑬旗
⑭教官 ⑮号令 ⑯配置 ⑰隊列 ⑱参加
⑲軍手

資料を見て考えたことを話そう
漢字を使おう9

85～87ページ 練習のワーク

1

①しょうひ ②じっせき ③せってい
④きょじゅうち ⑤てあつ ⑥ぼうりょく
⑦ゆる ⑧きょか ⑨かんしゃ ⑩もう
⑪いま ⑫あば

2

①消費 ②実績 ③設定 ④居住地
⑤手厚い ⑥暴力 ⑦許す ⑧許可
⑨感謝 ⑩設 ⑪居間 ⑫暴

3

①期限内に消費する。
②研究で実績を残す。
③ふろの湯の温度を設定する。
④居住地の役所に行く。
⑤手厚い対応に感謝する。
⑥暴力にたよらず解決する。
⑦弟の失敗を許す。

4

①機械 ②商店街 ③松林 ④福岡
⑤焼き ⑥佐賀 ⑦長崎 ⑧熊本 ⑨果実

⑩宮崎 ⑪鹿児島 ⑫沖縄 ⑬周辺
⑭遠浅

手塚治虫
漢字を使おう10／わたしの文章見本帳

91～93ページ 練習のワーク

1

①さいしゅう ②ひょうばん
③じゅぎょう ④そな ⑤しゅくしゃ
⑥えん ⑦しょうひぜい ⑧あま
⑨そしつ ⑩ざいさん ⑪ちょすいち
⑫やしろ ⑬ぬの ⑭そしき
⑮ほうこくぶん ⑯つと ⑰と
⑱じゅんび ⑲よぶん ⑳もうふ ㉑つ

2

①採集 ②評判 ③授業 ④備える
⑤宿舎 ⑥演 ⑦消費税 ⑧余り ⑨素質
⑩財産 ⑪貯水池 ⑫社 ⑬布 ⑭組織
⑮報告文 ⑯務める ⑰採 ⑱準備
⑲余分 ⑳毛布 ㉑告

3

①生徒に評判のいい授業。
②演げきで主役を務める。
③布の余りで愛犬の服をぬう。

4

①失敗 ②努力 ③上達 ④成功 ⑤未来
⑥働く ⑦昨年 ⑧試験 ⑨残念 ⑩反省
⑪覚える ⑫希望 ⑬積極的 ⑭仲間
⑮固い ⑯卒業 ⑰祝う

94～96ページ　仕上げのテスト

1
①きのう・せいひん　②けいけん・ゆた　③かこ・がんめん　④こうみゃく・こうかい　⑤かんれい・ゆる　⑥しゅくしゃ・さいしゅう　⑦ざいさん・やしろ

2
①似合う　②証　③暴力　④感謝　⑤授業　⑥演　⑦消費税　⑧余り　⑨素質　⑩貯水池　⑪布　⑫組織　⑬報告文　⑭務める

3
①備える　②測る　③留める　④限る

4
①1こ　2ひ　②1みき　2かん　③1きず　2ちく

5
①護　②団　③居　④絶

6
①1検　2験　②1厚　2熱

7
①忄・りっしんべん　②言・ごんべん

8
①1燃　2然　②1率　2卒　③1責　2績　④1複　2復

9
①イ　②エ　③ア　④ウ

10
①悪夢　②消毒　③不潔　④豊富　⑤増減

11
①清水　②眼鏡　③迷子

てびき

2　③「暴」の「氺」部分はつなげず、一画一画ていねいに書きましょう。
⑩「貯水池」の「池」を「地」としないようにしましょう。

3　①「備」の音《おん》読みは「ビ」で、「備品」「準備」などのように使います。
③「留」の音読みは「リュウ」「ル」です。「留学」「保留」、「留守」などのように使います。

4　①「肥」は「こ(やし)」「ヒ」のほかに、「こ(える)」、「こ(やす)」「こえ」とも読みます。「肥やし」とは「肥料」のことです。
②「幹」は木の幹のように中心となるじくという意味から、「幹線道路」などのように使います。

5　①は「保つ」「護(まもる)」、②は「集まる」「団(まとまり・あつまり)」、③は「居(いる)」「住む」、④は「断(たつ)」「絶(たえる)」という似ている意味があります。

6　②「厚」は「ぶあつい、てあつい」という意味、「熱」は「温度がとても高い」という意味になります。「あつい」と読む漢字には、「厚い」「熱い」のほか、気温が高い場合などに使う「暑い」があります。

7　「忄」(りっしんべん)は心の動きに関する漢字の部首、「言」(ごんべん)は言語に関する漢字の部首です。

8　①は2の「然」(ゼン・ネン)に「火」(ひへん)がついて1の「燃」に、③は1の「責」(セキ)に「糸」(いとへん)がついて2の「績」になります。音を表す漢字に意味を表す部首がつくことで別の漢字になっています。

10　①は上の漢字が下の漢字を修飾《しょく》するもの、②は上の漢字が動作、下の漢字がその対象を表すもの、③は上の漢字が下の漢字の意味を打ち消すもの、④は似た意味を表す漢字を組み合わせたもの、⑤は意味が対《つい》になる漢字を組み合わせたものです。

3 2 1 0 9 8 7 6 5 4
＊ ＊ D C B A